## Über den Autor

Leonard Geßner, geboren 2004, hat sich im politischen Berlin mittlerweile einen Namen gemacht. Seit 2018 läuft seine YouTube-Serie »Die Fragen stelle ich!«, 2019 moderierte er die größte Podiumsdiskussion mit den Spitzenkandidaten zur Bremer Bürgerschaftswahl. Regelmäßig interviewt er regierende Minister sowie Parteivorsitzende und trifft sich mit Hauptstadtjournalisten. Mit seinem Engagement hat er das Interesse tausender Menschen, Spitzenpolitiker und Journalisten geweckt.

# Politik der Generation Z

## Ein unbequemer Blick in die Zukunft

Leonard Geßner

© 2020 Leonard Geßner über Bookmundo,

Im Hollergrund 34, 28357 Bremen

Verlag & Druck: Bookmundo, MyBestseller B.V.,

Delftestraat 33, 3013AE Rotterdam

ISBN Print: 978-9-463-98447-8

ISBN E-Book: 978-9-463-98457-7

Bibliografische Information der Deutschen Nationalbibliothek: Die Deutsche Nationalbibliothek verzeichnet diese Publikation in der Deutschen National bibliografie; detaillierte bibliografische Daten sind im Internet über

http://dnb.d-nb.de abrufbar.

# Inhalt

# Personenverzeichnis

Da ich meine Interviewpartner immer wieder zitiere und es an einigen Stellen vielleicht wichtig ist, ihre Hintergründe zu kennen, möchte ich die Menschen, die mir für ein Interview zur Verfügung standen, kurz vorstellen:

- **Albrecht von Lucke** ist ausgezeichneter Publizist und Politologe. Aktuell ist er »Blätter-Redakteur« und regelmäßig Gast in Polit-Talkshows.

- **Louisa Dellert** ist Influencerin. Früher war sie Fitnessbloggerin, heute beschäftigt sie sich mit den Themen Nachhaltigkeit, Umweltschutz und dem Klimawandel. Dabei nimmt sie ihre fast 400.000 Follower mit zu Terminen mit Politikern und produziert regelmäßig Podcasts.

- **Johannes Strate** ist Sänger der Band »Revolverheld«. Die Band äußert sich immer wieder zu aktuellen politischen und gesellschaftlichen Ereignissen.

- **Julian Reichelt** ist BILD-Chefredakteur. Zuvor war er Auslandskorrespondent u. a. in Afghanistan, Georgien, Thailand, dem Irak, dem Sudan und im Libanon, teilweise als Kriegsberichterstatter.

- **Lars Klingbeil** ist Generalsekretär der SPD.

- **Paul Ziemiak** ist Generalsekretär der CDU, zuvor war er Bundesvorsitzender der Jungen Union.

- **Prof. Dr. Klaus Hurrelmann** ist Bildungs-, Sozial- und Gesundheitswissenschaftler. Er arbeitet regelmäßig an der »Shell-Jugendstudie« mit.

- **Wiebke Winter** ist Vorsitzende der Jungen Union Bremen.

- **Konstantin Kuhle** ist Bundestagsabgeordneter der FDP. Zuvor war der Bundesvorsitzender der Jungen Liberalen.

- **Tina Hassel** ist Leiterin des ARD-Hauptstadtstudios. Zuvor leitete Sie das ARD-Studio in Washington D.C.

- **Mirko Drotschmann**, auch bekannt als »MrWissen2Go«, erklärt jungen Menschen aktuelle politische und gesellschaftliche Ereignisse und deren Hintergründe. Mittlerweile hat er über eine Millionen Abonnenten auf YouTube und ist Teil von »funk«, dem Netzwerk von ARD und ZDF.

- **Charles Bahr** ist bzw. war »Deutschlands jüngster Boss«, so titelten verschiedene Zeitungen. Mit 14 gründete er seine erste Firma »Tubeconnect«, mittlerweile hat er sein zweites Unternehmen »Project Z« gegründet.

- **Felix Finkbeiner** ist Gründer von »Plant-for-the-Planet«. Mit seiner Organisation pflanzt er weltweit Bäume, um dem Klimawandel entgegen zu wirken. Rund 14 Milliarden Bäume pflanzte die Organisation nach eigener Aussage bisher.

- **Eva Schulz** ist Host des Formates »Deutschland3000«. Mit ihrem Format erklärt sie jungen Menschen aktuelle politische Ereignisse und stößt Debatten an. Zusätzlich moderiert sie den gleichnamigen Podcast.

- **Philipp Amthor** ist Bundestagsabgeordneter der CDU.

- **Maike Schaefer** ist Mitglied von Bündnis90/Die Grünen und Bürgermeisterin in Bremen sowie Senatorin für Klimaschutz, Umwelt, Mobilität, Stadtentwicklung und Wohnungsbau.

- **Robin Alexander** ist stellvertretender Chefredakteur der WELT und Autor des Buches »Die Getriebenen«.

# Vorwort

Dies ist ein Buch über die politische Generation Z. Diese Generation muss sich unzähligen Herausforderungen stellen, die vorherige Generationen so nicht erlebt haben. Unabhängiger Journalismus ist heute für uns alle selbstverständlich, weil viele Menschen bereit sind, Geld dafür auszugeben, zum Beispiel beim Kauf einer Zeitung oder beim Abschluss eines Online-Abonnements. Wie sieht es aber bei einer Generation aus, die es gewohnt ist, (fast) alle Inhalte kostenlos konsumieren zu können? Was passiert, wenn es nicht mehr genug Menschen gibt, die bereit sind für unabhängigen Journalismus zu zahlen? Wer finanziert ihn dann? Welche Auswirkungen hätte es, wenn es keinen bezahlten und unabhängigen Journalismus mehr gibt? Seit »Fridays for Future« höre ich immer wieder, dass die Generation Z die Klima-Generation sei, doch ist das wirklich so? Immer mehr Menschen informieren sich über die sozialen Medien. Ob die Schlagzeile in einem Post oder der kurze Aufruf eines Musikers, beides gehört mittlerweile dazu, doch ersetzt es den traditionellen Journalismus?

Die Diskussionskultur in Deutschland ist mittlerweile an einem schwierigen Punkt angekommen, die Moral spielt für viele Menschen eine immer größere Rolle, doch welche Rolle darf sie spielen? Und wie wollen wir in Zukunft miteinander diskutieren? Welche Rolle spielen Viren in einer Welt, in der man in kurzer Zeit von einem zum anderen Ende der Welt gelangt? Welche Schlüsse können wir schon aus der »Corona-Krise« ziehen?

Es gibt einiges zu besprechen, besonders wie wir miteinander sprechen und wie die Zukunft hier in Deutschland aussieht. Ich möchte hier darauf hinweisen, dass ich persönlich meine Meinung einbringe und ab und zu Stellung zu den Themen beziehe. Eine andere Meinung ist selbstverständlich möglich. Mir ist es wichtig, darauf hinzuweisen, da ich selbst (in diesem Buch) kritisiere, wenn man andere Meinungen nicht für legitim hält und diese nicht zulassen möchte.

Die »Corona-Krise« wurde von vielen Menschen anfangs unterschätzt, jetzt ist sie für viele Menschen ein einschneidendes Erlebnis. Wir müssen uns jetzt fragen, wie wir in Zukunft mit solchen Pandemien umgehen wollen und wie wir Schadensbegrenzung für die vielen fleißigen Menschen betreiben können.

Mir ist es seit meiner Serie wichtig, auch für Menschen, die erst anfangen sich für Politik zu interessieren, meine Inhalte möglichst nachvollziehbar zu gestalten. Ich hoffe, dass ich auch diese, vor allem jungen, Menschen erreiche und interessieren kann. Zudem ist es mir von Anfang an sehr wichtig, neutral zu berichten. Angefragt waren übrigens auch Politiker und Politikerinnen von der AfD und von DIE LINKE. Interviews kamen jedoch nicht zu Stande.

Aus Gründen der besseren Lesbarkeit wird im Folgenden auf die gleichzeitige Verwendung weiblicher und männlicher Sprachformen verzichtet und das generische Maskulinum verwendet. Sämtliche Personenbezeichnungen gelten gleichermaßen für beide Geschlechter. Wenn Jugendliche aus der Shell Jugendstudie zitiert werden, handelt es sich um Menschen im Alter zwischen 12-25 Jahren. Ich wünsche viel Spaß beim Lesen dieses Buches!

# Die Fragen stelle ich!

»Die Fragen stelle ich!« ist der Name meiner Interviewserie, die ich auf YouTube veröffentliche. Schon früh unterhielt ich mich mit meinen Eltern über das aktuelle Weltgeschehen am Frühstückstisch und schaute regelmäßig die Nachrichtensendung »logo!« für Kinder. Im September 2017 waren Bundestagswahl und somit auch Wahlkampf angesagt. Wenn die Bundeskanzlerin sagt: »Sie kennen mich«, dann wird Frau Merkel auch ihre Positionen haben.[1] Doch für die Menschen, die das erste Mal den Wahlkampf mitverfolgen, ist es schwer, aus dieser Aussage die Positionen von Frau Merkel zu sehen. Natürlich gab es ausreichend Interviews und auch das TV-Duell, bei dem man sich über Positionen informieren konnte. Doch dieser Satz stand symbolisch für den Wahlkampf. Was mir besonders fehlte waren wirklich gute Angebote, die auch für junge Menschen gemacht sind. Es gab Versuche so etwas zu kreieren, die meisten dieser Inhalte wirkten aber sehr zwanghaft und nicht wirklich authentisch. So wartete ich nach der Wahl noch ein bisschen ab, entschied mich dann aber selbst ein Angebot zu kreieren und eine Interviewserie zu starten. Eigentlich war eine Dokumentation mit Zusammenschnitten der Interviews geplant, da ich aber ohne Interviewbeispiele kaum Zusagen bekommen würde, entschied ich mich die Dokumentation in eine Serie umzuwandeln. Wichtig war es mir dabei auf Unabhängigkeit und Neutralität zu achten. Ich wollte, dass sich Jeder ein eigenes Bild von den Parteien und deren Positionen machen konnte.

Los ging es dann im August 2018 mit dem Interview mit Torsten Rohde, dem Bürgermeister Osterholz-Scharmbecks.

Neben einigen technischen Mängeln und Ausfällen war ich zufrieden mit dem Ergebnis und wusste, ich hatte meine Branche gefunden. Lencke Steiner war natürlich ein Erfolg, den ich gleich am Anfang landete. Kleiner Fun Fact: Lencke Steiner rief mich aus ihrem Urlaub an und sagte mir das Interview zu. Durch die nächsten Interviews mit Mirko Drotschmann (MrWissen2Go), Katrin Göring-Eckardt und dem damaligen Bremer Bürgermeister (Ministerpräsidenten) Carsten Sieling lief die Serie richtig an.

Die ersten Interviewabsagen erhielt ich oft, weil ich noch keine Beispiele hatte, meist mit dem Hinweis, dass ich mich nach den ersten Interviews gerne noch einmal melden könne. Torsten Rohde und Lencke Steiner erwiesen mir einen großen Vertrauensvorschuss, ohne den ich heute wahrscheinlich nicht so weit wäre, wie ich bin. Meine allererste Anfrage ging übrigens an den CDU-Abgeordneten Philipp Amthor. Neben Herrn Amthor schrieb ich auch alle erdenkbaren Polit-Promis an, darunter Angela Merkel und ihr gesamtes Kabinett. Dass diese nicht zusagen würden, war erstmal keine Überraschung.

Die erste richtige »Berlinreise« unternahm ich zusammen mit meinem Vater und meinem Bruder im Oktober 2018. Mit Gästen wie Alice Weidel (AfD) und Nicola Beer (FDP) gaben mir weitere namhafte Politiker Interviews, die mir weitere Türen öffneten. Es ist schon eine besondere Atmosphäre in den Gebäuden des deutschen Bundestages - von dort aus wird Deutschland regiert. So geübt mit der Vereinbarung von Terminen war ich noch nicht so wirklich und so war es ab und zu etwas chaotisch. Besonders interessant fand ich, dass viele Politiker ihre eigenen Social Media Referenten haben und ihre Accounts gar nicht selbst pflegen.

Im Oktober 2018 kündigte die Bundeskanzlerin, Frau Merkel, an, dass sie auf dem Parteitag im Dezember nicht wieder als CDU-Vorsitzende antreten werde, und dass dies ihre letzte Amtszeit als Bundeskanzlerin der Bundesrepublik sein werde. Daraufhin bewarben sich Annegret Kramp-Karrenbauer, Friedrich Merz und Jens Spahn um den Vorsitz und stellten sich und ihre Positionen auf mehreren Regionalkonferenzen vor. Eine davon war glücklicherweise in Bremen und ich akkreditierte mich als Journalist für diese Veranstaltung. Es war ein Highlight des Jahres, zumindest eine Anerkennung, mit dem Pressebändchen im Pressebereich diese Veranstaltung mitzuverfolgen. Anschließend wollte ich möglichst viele der anwesenden Politiker (die auch teilweise aus Niedersachsen gekommen sind) um ein Interview bitten. Doch der Einzige, den ich noch erreichen konnte, war Jens Spahn. Das Interview mit dem Gesundheitsminister kam letztendlich auch zu Stande. Auch auf dem Bundesparteitag in Hamburg war ich anwesend, schulisch bedingt erst nach der Wahl von Annegret Kramp-Karrenbauer zur Parteivorsitzenden der CDU. Trotzdem traf ich zahlreiche Politiker (Ralph Brinkhaus, Philipp Amthor, Armin Laschet, Peter Altmaier, Daniel Günther und Ursula von der Leyen), die ich ebenfalls um ein Interview bat. Allerdings kam erst ein Interview (Philipp Amthor) aus diesen Gesprächen zu Stande.

Im Januar 2019 ging es weiter mit der Serie und die nächste Berlinreise stand an. Diesmal interviewte ich Christian Linder (FDP), die erste Staatsministerin für Digitalisierung Dorothee Bär (CSU), Gregor Gysi (DIE LINKE) und Bernd Baumann (AfD). Es wirkte ein bisschen mehr wie Routine, allerdings waren alle vier Gäste, die man aus zahlreichen

Medienberichten kannte. Im April 2019 hatte ich dann noch die Interviews mit Philipp Amthor (CDU), dem Gesundheitsminister Jens Spahn (CDU), und dem damaligen Parteivorsitzenden der AfD, Alexander Gauland.

Bisher begegneten mir so gut wie alle Politiker sehr aufgeschlossen, interessiert und freundlich, die einen etwas mehr als die anderen. Sofort fällt einem auf, wie motiviert die Mitarbeiter der Abgeordneten sind. Auch nach zahlreichen Nachfragen von meiner Seite blieben diese meistens freundlich, waren hilfsbereit und überwiegend zuverlässig.

Ich hatte nie das Gefühl, nicht ernst genommen zu werden und man begegnete mir immer respektvoll. Die Frage, die mir anfangs wohl am häufigsten gestellt wurde, war, ob das Projekt irgendetwas mit der Schule zu tun hat. Die Antwort darauf ist definitiv »nein«. Das Projekt ist unabhängig von der Schule entstanden, wie am Anfang des Kapitels beschrieben, wird aber durch die Schule unterstützt, in dem ich ab und zu vom Unterricht freigestellt werde, damit ich meine Serie weiterführen kann. Denn meistens ist in den Ferien keine Sitzungswoche und außerhalb der Sitzungswochen sind kaum Abgeordnete in der Hauptstadt, die mir für ein Interview zur Verfügung stehen.

Im Mai 2019 war dann Bürgerschaftswahl in Bremen, bei der sich schon früh andeutete, dass dies eine der spannendsten Wahlen der letzten Jahre werden würde. Bei der Wahl zuvor, im Jahr 2015, gab es keine Talkshow mit den Spitzenkandidaten. Also nahm ich mir vor, eine Talkshow auszurichten und fragte dafür rechtzeitig alle Spitzenkandidaten an. Vier von sechs sagten mir zu, die Grünen und die FDP schickten eine Vertretung. Wenige Wochen später kündigte auch der regionale Fernsehsender »Radio Bremen« an, eine Talkshow mit den Spitzenkandidaten zu veranstalten, zufällig zwei Tage vor meiner Talkshow. Das störte mich letztendlich aber nicht weiter, da diese Talkshow im Fernsehen eher ein anderes Publikum anzog, als ein 15-jähriger mit einer Talkshow. Ich designte eigene Plakate und Flyer, welche ich fleißig mit meinem Bruder verteilte. Die Plakate laminierte ich größtenteils, um sie draußen aufhängen zu können, natürlich erst, nachdem ich mir die Genehmigung des Ordnungsamtes dazu eingeholt hatte. Zudem gab ich meine ersten Interviews für Zeitungsberichte und war so auch in diesem Bereich etwas geübter. Am Tag der Talkshow regnete es und ich war mir nicht sicher, wie viel Menschen letztendlich kommen würden. Aufgebaut war für 450 Menschen und tatsächlich warteten schon Leute, bevor die Tür geöffnet wurde und der Einlass begann. Meine Schule stellte mir die Halle zur Verfügung und unterstützte mich mit der Technik und dem Einlass. Danke an alle, die mitgeholfen haben!

Die Halle wurde voll und es war eine wirklich tolle Erfahrung. Letztendlich war es die größte Podiumsdiskussion in ganz Bremen und ein toller Abend, der von verschiedenen Journalisten analysiert und von RTL Nord begleitete wurde. Es war zwar auch für mich das erste Mal, mit mehreren Politikern gleichzeitig zu diskutieren und das auch noch in der heißen Phase des Wahlkampfes, jedoch war es meiner Meinung nach eine Talkshow besonderer Art, bei der man die Politiker noch einmal von einer anderen Seite kennenlernen konnte.

# Fazit

Wie groß das Interesse der Politik daran ist, die Generation Z zu erreichen, zeigt die Serie eindeutig. Auch viele namhafte Politiker standen relativ früh für ein Interview zur Verfügung. Verständlicherweise, denn jede Partei möchte auch die zukünftigen Wähler für sich gewinnen. Eine Sache, die sicher auch schon vielen Zuschauern aufgefallen ist, sind die Antworten der Politiker, die auch gerne mal in Phrasen antworten. Die Frage, »Was sagen Sie am liebsten, wenn sie jemandem »Tschüss« sagen«, also wie sie sich am liebsten verabschieden, brachte viele aus dem Konzept, weil es eine Frage ist, die sehr ungewöhnlich ist und die sie nicht gewohnt sind zu beantworten. Und man muss sagen, es ist gar nicht so einfach, ein Thema zu belegen und eine Frage zu finden, die die Politiker noch nie beantwortet haben bzw. noch nicht gestellt bekommen haben. Zugleich sieht man eindeutig, welche Parteien viel wert darauf legen, in der Serie vertreten zu sein. Ich richtete nicht speziell mehr oder weniger Anfragen an eine Fraktion oder Partei, da das dem Grundsatz meiner Neutralität und Gleichbehandlung widersprechen würde. Ich stand mit allen Pressestellen in Kontakt und informierte diese auch, wenn ihre Partei/Fraktion in meiner Serie bisher nur sehr schwach vertreten waren. Doch meistens führte das auch nicht zu weiteren Interviews. Kompliziert wird es sowieso bei den Mandatsträgern, die neben ihrem Mandat als Bundestagsabgeordneter ein Amt in ihrer Partei (z.B. Parteivorsitz) oder in ihrer Fraktion eine besondere Rolle übernehmen, wie zum Beispiel den Fraktionsvorsitz. Bis man zu dem richtigen Ansprechpartner durchgekommen ist, vergehen meist Tage, teilweise sogar Wochen. Dass der Terminkalender solcher Mandatsträger sehr voll ist, kann ich nachvollziehen und trotzdem standen mir einige für ein Interview zur Verfügung. Manche Büros waren anscheinend zu freundlich, mir abzusagen, weil mir die Reichweite fehlt und sagten mir aus zeitlichen Gründen ab. Auf Nachfrage bekam ich dann teilweise die Antwort, dass in den nächsten sechs Monaten keine 20 Minuten für ein Interview frei wären.

Doch nicht nur die Politiker waren bei den Interviews interessant zu analysieren - die Zuschauer waren so unterschiedlich, dass es informativ war, die Kommentare zu lesen und zu beantworten. Die ersten Videos, die ich hochgeladen hatte, erreichten zwischen 200-300 Aufrufe, das Video mit Katrin Göring-Eckardt erreichte um die 500 Aufrufe. Am Anfang kommentierten lediglich Freunde und Verwandte und ganz vereinzelt Menschen, die ich nicht kenne.

Das Video mit der Fraktionsvorsitzenden der AfD, Alice Weidel, erreichte schnell mehrere Zehntausend Menschen. Morgens sagte mir meine Mutter, dass das Video schon 700 Aufrufe hätte, so viele wie bisher noch nie! Als ich in der Pause in der Schule schaute, waren es schon über Tausend und als ich aus der Schule kam ca. 6000. Es war unglaublich, wie schnell so ein Video so viele Menschen erreicht. Nach wenigen Tagen waren es ungefähr 50.000 Menschen, die sich mein Video angeschaut haben. Über 500 Menschen hatten zu diesem Zeitpunkt mein Video kommentiert. Ich erhielt bisher überwiegend positive Kommentare, in denen besonders meine Unabhängigkeit geschätzt wurde. Kritisiert wurde meist, dass ich nicht genug nachhake, doch das Ziel mit meiner Serie war es ja, den Menschen die Möglichkeit zu geben, sich unabhängig über die Parteien und die Politiker zu informieren. Dazu gehört es auch, manche Aussagen so stehen zu lassen, wie sie von den Politikern gemacht werden. Auch diese Aussagen sprechen für sich, weil sich die Zuschauer selbst ein Bild machen können, ohne dass in eine bestimmte Richtung gefragt wird.

Was definitiv nicht zu übersehen war - die AfD polarisiert wie keine andere Partei Deutschlands. Mit Abstand die meisten Aufrufe haben demnach auch die Videos mit Politikern dieser Partei.

Das Interesse besteht seitens der Politiker auf jeden Fall, sich mit Jugendlichen auseinanderzusetzen, zu diskutieren und sich auch für ihre Meinungen einzusetzen. Jedoch fehlt manchmal das Verständnis für den Blick auf das Thema. Und ich glaube auch die Politiker sind sich nicht ganz sicher: »Wer ist die Generation Z denn eigentlich?«, »Ist das die Klima-Generation?« und »Welche Ansichten haben die meisten Jugendlichen?«. Ich versuche diesen Fragen auf den Grund zu gehen, kann aber schon sagen, dass auch junge Menschen es schätzen, wenn man seine Meinung vertritt und dazu steht und diese nicht, aufgrund von Protesten oder eines Trends im Internet, andauernd ändert.

Eines kann ich aber vorab verraten - Die Generation Z ist nicht nur die Klima-Generation, wie sie gerne genannt wird.

# Wer ist die Generation Z?

»Die Generation Z, das sind doch die Schulschwänzer, das sind doch die, die den ganzen Tag mit dem Handy verbringen.« Typische Vorurteile, auch wenn sie normalerweise nicht so extrem formuliert werden. Jedoch ist das (Konsum-) Verhalten innerhalb der Generation Z so unterschiedlich, dass es sich kaum pauschalisieren lässt.

Um die Generation Z zu beschreiben ist es wichtig festzustellen, wer dazu gehört. Wer zwischen 1997 und 2012 geboren ist, ist Teil der Generation Z - zumindest nach der allgemeinen Definition. Charles Bahr, jüngster Marketing- und Unternehmensberater Deutschlands, meint dazu: »Die Generation Z sind für mich alle im Alter von 10 bis 23 Jahren wobei es nicht auf ihr Alter ankommt, sondern auf ihre Denkweise«. Die Generation Z ist nach der Altersdefinition somit die nachfolgende Generation auf die Generation Y. Im Zusammenhang mit der Generation liest man oft etwas über die »Digital Natives 2.0«, das ist keineswegs ein Vorurteil, es ist eine Feststellung. Durchschnittlich verbringen Jugendliche mindestens 3,7 Stunden im Internet [2] - das behauptet zumindest die Shell Jugendstudie 2019. Wie hoch die Nutzungsdauer des Smartphones und Co. tatsächlich ist, ist schwer nachzuvollziehen - auch für einen selbst. Viele, ich schließe mich ein, können sich ein Leben ohne Internet nicht mehr vorstellen. Das Smartphone wird dabei vielseitig genutzt, 96% nutzen es für die Kommunikation per Messenger oder in sozialen Netzwerken.[3] Kaum jemand schaut noch linear Fernsehen, liest Zeitung, oder telefoniert, um sich zu verabreden, mittlerweile wird das per Messanger erledigt. Wenn man in der Schule etwas nicht verstanden hat, kann man sich das jeweilige Thema online auf verschiedene Weisen erklären lassen. Auch die Nachrichten muss man nicht mehr zu einer bestimmten Zeit im Fernsehen schauen, oder die Zeitung täglich lesen. Im Internet kann man jederzeit die aktuellen Nachrichten lesen und ist so meist schneller über aktuelle Geschehnisse informiert. Ich kenne es gar nicht anders. Zwar habe ich vor einigen Jahren angefangen immer »logo!« um 19:50 Uhr zu schauen, war aber auch auf die Themenauswahl angewiesen, um wirklich kompakt informiert zu sein. Im Internet kann ich mich über ein Thema ganz genau informieren und finde Informationen und Hintergründe, die ich in den traditionellen Medien oft nicht finde. Das heißt nicht, dass dort versucht wird, etwas zu vertuschen oder zu verbergen, es liegt einfach daran, dass in der Zeitung begrenzt Platz ist und im Fernsehen, sowie im Radio nur eine begrenzte Sendezeit zur Verfügung steht, in der die wichtigsten Informationen, also die Infos, die von der Redaktion für wichtig erachtet werden, den Zuschauern präsentiert werden.

Ein großer Unterschied in der Bereitstellung von Informationen besteht darin, dass jeder heute etwas über das Internet verbreiten kann. Mit Website-Baukästen ist es so einfach wie nie zuvor eine eigene Internetseite zu erstellen, noch einfacher ist es einen YouTube-Kanal zu erstellen und dort eigene Videos hochzuladen. Das führt zum einen dazu, dass das Angebot riesig ist und die traditionellen Medien sich in der »neuen« Welt erstmal zurecht finden müssen, zum anderen muss man vorsichtiger bei der Informationsbeschaffung sein - denn es ist ebenfalls einfacher als je zuvor, Bilder oder Videos so zu verändern (zu faken), so dass sie für echt gehalten werden.

Mittlerweile haben die meisten Zeitungen und Nachrichten-sendungen eigene Social-Media-Kanäle, können aber mit den Video-Creators, die sich auf YouTube spezialisiert haben, kaum mithalten. Ein Beispiel dafür ist Mirko Drotschmann, online bekannt als »MrWissen2go«. Er fing mit Lernvideos an und erklärt mittlerweile Millionen von Zuschauern (aktuelle) gesellschaftliche und politische Ereignisse. So viel Mühe sich die Verlage und Sender auch geben, es wird noch eine Zeit dauern, bis diese auch so viele Menschen regelmäßig (!) erreichen, wie Mirko Drotschmann.

Die Shell Jugendstudie hat ergeben, dass 60 Prozent der Jugendlichen es nicht gut finden, dass sie Teil eines Geschäftsmodells von Konzernen wie Facebook oder Google sind.[4] Doch ist das nicht der Preis dafür, dass wir heute so viele Inhalte kostenlos konsumieren können? Charles Bahr sagt zustimmend: »Definitiv ist der Preis dafür, dass wir so viel konsumieren, dass wir selbst das Produkt sind. Es gibt den Spruch: »Wenn es dich nichts kostet, dann bist du das Produkt.« Also ich glaube wir wissen alle spätestens nach der Netflix Doku von »Cambridge Analytica«, dass unsere Daten definitiv anderweitig verwendet werden, als wir es gerne hätten. Aber ich sehe es auch positiv, weil lieber bekomme ich Werbung ausgespielt, die mir gefällt, als irgendeine Werbung. Das kann aber auch sein, dass es einfach nur meine Meinung ist, weil ich in der Industrie gearbeitet habe.« Charles Bahr erzählt weiter: »Ich kenne viele, die sagen würden: »Wenn ich jetzt 300 Euro im Jahr von meiner Versicherung bekomme, dafür dass ich von meiner Apple Watch die Fitnessdaten abgebe, geil - 300 Euro.« Ich würde den Kopf schütteln und sagen »Wer weiß, ob es in fünf Jahren flexible Versicherungsbeiträge gibt und du dann plötzlich, weil du in deinem Kindesalter einmal die Woche Party gemacht hast, einen höheren Beitrag zahlst?«.

Wenn man jetzt behauptet, dass Teile der Generation vielleicht etwas gutgläubig sind, liegt man auf keinen Fall falsch. Doch um diese Aussage etwas zu relativieren - junge Menschen sind laut SPIEGEL erst später erwachsen und benötigen länger für ihren Entwicklungsprozess und um sich von ihren Eltern zu lösen bzw. unabhängiger zu werden.[5] Dabei geht es nicht um die Manipulation durch »Fake News«, sondern um Datenschutz. Denn wer schaut wirklich, welche Berechtigungen eine App hat, oder was mit den Daten geschieht, die ich in das Kontaktformular eingebe? Nach meiner Erfahrung machen es insgesamt (zu) wenige Menschen, besonders junge Menschen. Das ist kein spezielles Phänomen der Generation Z. Etwas, was die Generation Z dadurch aber erlebt, hat keine Generation bisher erfahren. Man sammelt gezielt die Daten von klein auf und kann die Menschen immer besser einschätzen und deren Merkmale bestimmen, umso mehr und umso länger man diese Plattformen nutzt. Auf den ersten Blick sieht es so aus, als ob die Konzerne die Inhalte kostenlos, besser gesagt für etwas Werbung, zur Verfügung stellen. Aber nicht umsonst sagt man, dass die »Daten das Gold der Zukunft« sind. Charles Bahr nannte das Beispiel mit der Krankenkasse und es hört bei der Krankenkasse längst nicht auf. Es können Daten darüber gesammelt werden, womit und wie lange man sich mit bestimmten Themen beschäftigt, wo die Interessen liegen, zu wem man Kontakt hat und so weiter. Und mit Sicherheit sind dies auch private Daten, die man nicht unbedingt preisgeben möchte, doch wehren kann man sich aktuell nicht wirklich. Die einzige Möglichkeit wäre, die Plattformen der Konzerne nicht zu nutzen, das kommt allerdings nur für die wenigsten in Frage kommt. Auch hier muss man an die Politik appellieren, da man zwar durch die eigenen Einstellungen im Browser oder auf Endgeräten einiges tun kann, sich aber nicht vollständig gegen die Nutzung der persönlichen Daten wehren kann.

# Der Name der Generation Z

Sollte man die Generation umbenennen? Dazu gibt es verschiedene Meinungen. Der Jugend- und Bildungsforscher Prof. Dr. Klaus Hurrelmann, machte vor kurzem den Vorschlag, die Generation Z in die »Generation Greta« umzubenennen, weil die Generation Z »zum ersten Mal seit langer Zeit eine junge Generation ist, die politisch handelt, auf die Straße geht und sich für ganz konkrete Sachen einsetzt. Das haben wir ganz lange nicht mehr gehabt, besonders in dieser Breite und in dieser Intensität nicht. Und wenn man genau hinschaut, dann geht das zurück auf die schwedische Schülerin Greta Thunberg.« Ein Vorschlag, der sicher für viel Gegenwind und Kritik sorgt, weil viele junge Menschen damit nicht übereinstimmen und sich überhaupt nicht mit dem Menschen Greta Thunberg verbunden fühlen. Ich halte es aus diesem Grund keinesfalls für sinnvoll, irgendeine Generation nach einem Menschen zu benennen. Obwohl nicht zu leugnen ist, dass sicher die meisten »Mitglieder« der Generation Z Greta Thunberg kennen, ist der Anteil der Jugendlichen, die sich an den Protesten beteiligen sehr gering, dazu informiert Klaus Hurrelmann: »Wir schätzen so aufgrund von Untersuchungen, dass es etwa fünf Prozent der jungen Generation heute sind, also insbesondere sagen wir der 12 bis 25 Jährigen, die sich sehr stark politisch für Umweltfragen interessieren und sich auch in irgendeiner Weise regelmäßig oder gelegentlich an Aktivitäten von »Fridays for Future« beteiligen«. Das heißt, dass einer von zwanzig Menschen, die Teil der Generation Z sind, sich regelmäßig für »Fridays for Future« oder andere Umweltorganisation engagiert.« Gerade aufgrund dieser Untersuchung halte ich es nicht für sinnvoll und gerechtfertigt, die Generation Z in die »Generation Greta« umzubenennen. Zwar wird die Bewegung sicher vielen Menschen in Erinnerung bleiben, vertritt aber nicht den größten Teil und schon gar nicht die ganze Generation.

Immer wieder hörte ich von meinen Interviewpartnern, dass sie ungern mit dem Generationen-Begriff arbeiten, da »nicht jeder Mensch gleich ist und gerade die Generation Z so viele unterschiedliche Merkmale aufweist« und das ist richtig. Es gibt viele unterschiedliche politische Interessen innerhalb der Generation Z, was es sehr schwer macht, eine Generation unabhängig vom Alter zu definieren.

# Merkmale der Generation Z

Es wird viel über Merkmale der Generation Z geschrieben. Ganz oben steht meistens etwas wie »Optimistischer Blick in die Zukunft«. Mittlerweile ändert sich allerdings (wahrscheinlich aufgrund der Klimaproteste) bei einigen diese Meinung. Auf den Demos wird meistens über den »Worst Case« gesprochen und der »Teufel an die Wand gemalt«, was nicht gerade Optimismus suggeriert. Jedoch sind die Initiatoren, sowie die Aktivisten fest davon überzeugt, dass man die Welt »retten« kann, sollte man die richtigen Hebel umlegen. Pessimismus und Optimismus zugleich sprechen für sich.

Doch es gibt viele weitere Merkmale, die helfen, die Generation Z zu definieren und zu verstehen. Ganz entscheidend ist, dass die Mitglieder der Generation Z nicht nur konsumieren und nicht nur Inhalte anschauen, sondern dass sie diese selbst mitgestalten. »Da ist die Generation Z die erste, die die Medienlandschaft eigenständig mitgestalten kann [...]«, so Charles Bahr. Ich profitiere auf jeden Fall von dieser Freiheit. Ohne das Internet in dieser Form, besonders YouTube, könnte ich meine Serie nicht betreiben - höchstens als Interviews in Textform, die ich versuche in einer Zeitung oder einem Magazin unterzubringen. Die Monopolstellung der Fernsehsender ist seit einigen Jahren dadurch verloren gegangen. Die Inhalte, die die Generation konsumieren möchte, kann sie jederzeit konsumieren, ob früh morgens, mittags oder spät abends, man ist an keine Sendezeit gebunden. Mittlerweile haben fast alle Fernsehsender Mediatheken, in denen sie ihre Inhalte zur Verfügung stellen, weil sie verstanden haben, dass immer weniger Menschen zu einer bestimmten Uhrzeit vor dem Fernseher sitzen, um etwas zu schauen. Denn ist es nicht viel bequemer selbst entscheiden zu können, wann ich was schaue und sogar anhalten kann und zu einem beliebigen Zeitpunkt weiter schauen kann? Genau diese Bequemlichkeit trifft auch auf die Generation zu - für mich nicht gleichzusetzen mit Faulheit, da diese Bequemlichkeit durch die Digitalisierung und technische Weiterentwicklung bedingt ist. Die Bequemlichkeit in dieser Form bedeutet auch Freiheit. Ich kann verschiedene Nachrichtensendungen gucken, die parallel zueinander laufen und vielleicht nebenbei noch einen Newsticker lesen. Diese Möglichkeit hätte ich ohne das Internet nicht, die Informationsbeschaffung ist so besser und einfacher geworden. Um den berüchtigten »Zwei-Quellen-Check« durchzuführen, benötigt man nicht zwei unabhängig Print-Zeitungen, es genügt, wenn man zwei Fenster im Browser öffnet und miteinander vergleicht. Für die Menschen, die die Zeit und die Muße haben, sich damit zu beschäftigen ist es einfacher geworden, sich genau zu informieren. Das könnte durchaus den positiven Effekt haben, dass die Menschen genauer hinschauen können, was die Politik entscheidet und wie diese Entscheidungen zu Stande kommen. Aus dieser Sicht ist das Internet demokratiefördernd. Doch das Internet hat nicht nur positive Auswirkungen auf politische und gesellschaftliche Entscheidungen.

Die politischen Interessen und Eigenschaften hängen auch heute noch stark vom Bildungsgrad ab. Die Shell Jugendstudie kommt zu dem Ergebnis, dass jeder zweite Jugendliche, der das Abitur anstrebt oder erreicht hat, sich als politisch interessiert bezeichnet. Unter Jugendlichen, die den Hauptschulabschluss anstreben oder erreicht haben bezeichnet sich nur jeder Vierte als politisch interessiert.[6] Es ist eigentlich erschreckend, dass das politische Interesse noch so stark vom Bildungsgrad abhängig ist, da die politische Teilhabe eigentlich Jedem gleichermaßen ermöglicht werden sollte, unabhängig von Herkunft oder dem Bildungsgrad. Jedoch erklärt dies einige Fragen, die im Zusammenhang mit dem politischen Engagement junger Menschen aufgekommen sind.

Sebastian Haunss bestätigt im ZEIT-Interview, dass »Fridays for Future« vor allem von gut gebildeten und gut situierten Menschen getragen wird. Er sagt: » […] das gilt für alle politischen Bewegungen: Die werden fast immer von Menschen mit überdurchschnittlich hoher Bildung getragen […].«[7] Im Kapitel »Fridays for Future« werde ich mich mit der Bewegung noch genauer befassen. Jedoch erlaubt die Statistik, sowie die Aussage von Herrn Haunss, zu deuten, warum die Bewegung so große Resonanz in den Medien hervorruft und nicht repräsentativ für die Generation Z ist.

An dieser Stelle ist anzumerken, dass es natürliche keine einheitliche Generation Z gibt und die Merkmale sehr unterschiedlich sein können. Deswegen gilt kein Merkmal oder keine Eigenschaft für alle Menschen, die Teil der Generation Z sind. Über das Verhältnis der Generation Z zur Politik sagt Tina Hassel: » […] der Kommunikationskanal ist gestört.« Sie deutet damit das Verhältnis der Generation Z zur digitalen Welt an und deren Art zu kommunizieren. Eines der Merkmale, was ziemlich sicher auf fast alle Mitglieder der Generation Z zutrifft, ist die Digitalaffinität. So gut wie jeder Mensch hat heute einen Zugang zum Internet und nutzt ihn zumindest ab und zu. Die meisten Mitglieder der Generation

Z sogar täglich, es ist ein Merkmal, welches die Generation Z verbindet. Diese Digitalaffinität wirkt sich natürlich auch auf die politische Meinungsbildung aus. Wenn ich mich mit Gleichaltrigen über das politische Geschehen unterhalte, merke ich schnell, dass die Informationen aus dem Internet stammen, oft sogar von Social Media Plattformen (wie Instagram, Snapchat und Co.), was ich für sehr bedenklich halte, wenn die Informationen ausschließlich aus diesen Quellen bezogen werden. Bedenklich finde ich es nicht wegen der Plattformen an sich, sondern weil die Nachricht oft in nicht mehr als zwei Sätzen wiedergegeben wird. Es handelt sich dabei also nicht um eine Nachricht, sondern eher um eine Schlagzeile, höchstens noch einen Untertitel. Das führt zu Halbinformationen und zu Halbwahrheiten. Besonders die Boulevard-Blätter sind auf Social Media sehr aktiv und ohne deren Journalismus zu bewerten - dort wird noch mehr auf Schlagzeilen gesetzt, als vielleicht bei der »Tagesschau«, die übrigens auch immer aktiver und besser auf Social Media wird.

# Die Politisierung der Generation Z

In dieser Zeit findet die Politisierung der Generation Z statt. Mit der Urheberrechtsreform hat man versucht in die digitale Welt einzugreifen und versucht es immer noch. Trotz der massiven Proteste und dem Gegenwind verabschiedete man diese Reform. Gefolgt von den »Fridays for Future«-Protesten hat jeder verstanden, dass auch die Generation Z ihre Anliegen hat. Politisiert werden dabei beide Lager, die Befürworter sowie die Gegner der Klimaproteste. Auch weniger Interessierte haben kaum eine Chance dem zu entgehen. Man bekommt mit, wenn Schüler aus der Klasse jeden Freitag fehlen, um für das Klima auf die Straße zu gehen und auf den Social Media-Profilen der Freunde und der Promis regelmäßig zu Protesten aufgerufen wird.

Doch wozu führt das? Können wir eine Generation mit einer Wahlbeteiligung von über 90% erwarten? Nicht unbedingt. Es sind zwar viele Jugendliche involviert und fast jeder bekommt etwas davon mit, was sicherlich dazu führt, dass das Interesse innerhalb der Generation wächst. Gegen eine höhere Wahlbeteiligung spricht zumindest, dass Interesse noch lange nicht zum Wählen bewegt und dass einige genervt sind, von der Politisierung, von dem Hype um das Klima und nichts damit zu tun haben möchten. Das ist besonders schade, da das Wahlrecht ebenfalls ein Grundrecht ist, welches unbedingt in Anspruch genommen werden sollte, da so über die Zukunft jedes einzelnen entschieden wird. Auch Tina Hassel meint: »[…] dass der Fokus, für den sich die jungen Menschen engagieren, sehr viel präziser ist. Man ist eben nicht in einer Partei oder ist generell politisch oder unpolitisch. Nein, die Generation Z regt sich über ganz spezielle Themen auf, engagiert sich und verliert dann aber auch schnell wieder das Interesse oder widmet sich wieder einem anderen Thema. Ob sich das wirklich dauerhaft in einer stärkeren Wahlbeteiligung widerspiegelt, würde ich mir wünschen, bin mir aber nicht so sicher.« Doch auch hier stellt sich die Frage, mit welchen Mitteln man politisch am meisten ausrichten kann? Mit Protesten kann man sicher einiges erreichen, wie die jüngere Vergangenheit zeigt, dabei geht es vor allem um Aufmerksamkeit. Doch Entscheidungen werden letztendlich im Parlament getroffen und nicht auf der Straße. Somit sollten alle Wahlberechtigten, ganz besonders die mit einem dringenden und besonderen Anliegen, ihr Recht nutzen und wählen gehen. Wer dieses Grundrecht nicht wahrnimmt und entscheidet, welche Volksvertreter über die Zukunft des Landes entscheiden, ist selbst schuld!

Ein weiteres Phänomen dieser Politisierung ist die augenscheinlich einseitige Meinungsbildung. Bei den Protesten gegen die Urheberrechtsreform, sowie bei den Klimaprotesten stehen einige Parteien als »unwählbar« da. Es sieht auf den ersten Blick so aus, als ob eine Generation an »Grünen-Wählern« heranwächst. Denn gerade die Grünen werden mit Klimaschutz in Verbindung gebracht. Ohne zu bewerten, wie die Ziele am besten erreicht werden, ist dies schon ziemlich klischeehaft. Es führt trotzdem dazu, dass mehr Menschen sich dazu entscheiden, dieser Partei ihre Stimme zu geben. Wenn man sich jedoch die Wahlergebnisse z.B. in Thüringen ansieht, erkennt man, dass lange nicht alle Jugendlichen so denken und wählen, wie es gerne suggeriert wird - dort hat die AfD von den Wahlberechtigten der Generation Z die meisten Stimmen bekommen.[8] Es zeigt ganz deutlich, dass es nicht nur den »Mainstream« gibt und durchaus unterschiedliche Meinungen und unterschiedliche Unzufriedenheiten bestehen. Natürlich gibt es einen »Klima-Hype«, wochenlang (oder sogar monatelang) gab es kein anderes Thema. Allerdings ist dieser Hype nicht zu überschätzen, wenn man sich einmal die Zahlen anschaut. Mit bis zu 1,4 Millionen Teilnehmern an einem Tag bei den Demonstrationen, machen die Demonstranten nicht einmal einen Anteil von 10% der Generation Z aus.[9] Herr Hurrelmann relativiert selbst diese Aussage und spricht von 5%. Zudem muss man sagen, dass dies keine normalen Teilnehmerzahlen waren. Es waren die des größten Klimastreikes bisher. An »normalen« Freitagen sieht das ganze etwas anders aus.

Dass die Meinungsbildung auf den ersten Blick so einseitig aussieht, liegt an der starken medialen Präsenz. Besonders »Fridays for Future« hat es verstanden, medienwirksam Aktionen zu starten. Und auch die Journalisten sind von der Bewegung beeindruckt. » Also ich sage jetzt mal, das ist eine sehr beeindruckende Masse. Da kann man nicht so einfach dran vorbei gucken. Wenn sie hier aus dem Fenster schauen - die waren überall, vor allen Ministerien, vor allen Parteizentralen, vor allen Abgeordnetenbüros. Übersehen kann man so eine Masse nicht. Aber ich glaube, was wirklich die Durchsetzungskraft bis jetzt ausmacht, ist, dass sie Seite an Seite mit der Wissenschaft gehen! Das macht es schwer diese Bewegung zu diskreditieren. Da, wo sie radikaler sind, beziehen sie sich ja auf Wissenschaft und das macht diese Bewegung so stark«, so Tina Hassel. Hinzukommen die häufigen Auftritte in traditionellen Medien, besonders in Talkshows, zum anderen durch die Präsenz bei Social Media. Es zeigt die unglaubliche Reichweite und den Einfluss der sozialen Medien. Werden in Zukunft diese »Hypes« immer schneller entstehen? Auf jeden Fall, und nicht selten werden sie eine große Reichweite mit sich bringen. Die Parteien müssen sich gut überlegen, wie ernst sie diese Generation nehmen, da für viele Jugendliche Social Media heute schon die wichtigste Informationsquelle darstellt.[10]

# Der Einfluss der Generation Z

Ein wesentlicher Unterschied im Vergleich zu vorherigen Generationen besteht darin, dass jeder heutzutage die Medienlandschaft mitgestalten kann. »Plötzlich haben junge Leute genauso viel Einfluss wie eine große Tageszeitung!«,[11] meint Charles Bahr dazu und ich muss ihm Recht geben. Wenn man sich die Reichweite renommierter Zeitungen, wie z.B. der Süddeutschen (nach »Bild« die größte Tageszeitung), mit einer Auflage in Höhe von 285.000 Menschen[12] und daneben Hunderttausende Tweets ansieht, wird schnell klar, dass es zwar verschiedene Arten von Reichweite sind, der Einfluss der Generation Z aber enorm ist. »Ich weiß nicht, ob ich diesen Vergleich so ziehen würde. Das eine ist ein Geschäftsmodell und sicher auch eine Säule von Demokratie in freien Gesellschaften: Tageszeitung. Das andere ist kein Geschäftsmodell und keine Säule von Demokratie, sondern das Volk an sich. Ich glaube, dass man durchaus sagen kann, dass junge Menschen an ihren Smartphones und junge Menschen, nicht nur als Medienkonsumenten, sondern auch als Medienproduzenten, als Content Produzenten, mindestens genauso viel Einfluss haben wie Tageszeitungen«, so Julian Reichelt. Durch eigene Hashtags kann der »Otto-Normal-Verbraucher« genauso viele Menschen wie große Zeitungen erreichen oder sogar noch mehr. Natürlich kann man Tweets nicht mit regelmäßigen Lesern einer Zeitung vergleichen. Die Menschen, die zu politischen und gesellschaftlichen Themen etwas auf Twitter posten, also ihre Meinung kommunizieren oder zumindest etwas kommentieren, haben sich zuvor mit dem Thema auseinander gesetzt (zumindest sollte das so sein). Wer die Zeitung liest, setzt sich in einer gewissen Form auch mit dem Thema auseinander, kommuniziert aber nur in den seltensten Fällen die eigene Meinung in der Öffentlichkeit. Durch eigene YouTube-Videos oder die eigene Homepage ist es so einfach wie nie zuvor, die eigene Meinung der Welt mitzuteilen. Jeder der (online) publiziert hat die Chance zum »Meinungsmacher« zu werden und andere Menschen bei der Bildung der eigenen Meinung Anregungen zu geben. Ob das ein Vor- oder Nachteil ist, da spalten sich die Meinungen. Es gibt viele gute Beispiele, bei denen Menschen im Internet zu professionellen Journalisten werden und Tausenden etwas erklären oder Geschehnisse bewerten und einordnen.

Hunderttausende Stimmen auf einmal scheinen auf den ersten Blick natürlich wichtig, besonders für die, die sich mit diesem Thema nicht richtig auseinandersetzen. Angenommen es gibt zu einem gesellschaftlichen und/oder politischen Thema 500.000 Tweets (genau das Gleiche gilt natürlich für alle anderen Plattformen, jedoch entwickeln sich auf Twitter ziemlich schnell neue Trends), werden Reaktion seitens der Politik nicht lange auf sich warten lassen. Der entscheidende Schritt ist aber der nächste: »Wie auf so etwas reagieren?«, darüber sind sich die meisten politischen Akteure noch nicht im Klaren. Die Politik schlagartig zu ändern, wäre auf jeden Fall der falsche Schritt, denn 500.000 Tweets, die in diesem Fall angenommen alle von verschiedenen Personen stammen, machen nur 0,61% der deutschen Bürger aus (ausgehend von 82 Millionen Einwohnern). Ein relativ kleiner Anteil also. Die Wahrscheinlichkeit falsch zu reagieren, ist um einiges höher als es richtig zu machen. Reagiert man über, gibt es Vorwürfe, reagiert man zu wenig, gibt es diese ebenfalls. Das Problem ist nur, dass »zu viel Reaktion« sehr selten der Fall ist - man wartet gerne und geht davon aus, dass dieser

Trend so schnell wieder verschwindet, wie er aufgetaucht ist. Der Gefahr, dass aus 500.000 auch mal Millionen werden können, sind sich die wenigsten bewusst. Das gleiche gilt für Videos mit einer großen Reichweite, die sich schnell auf bis zu 15 Millionen Aufrufe entwickeln, was ungefähr 21,9% der Bevölkerung entspricht. Mehr dazu im Unterkapitel »Das Rezo-Video«. Eine Reaktion auf Online-Trends ja. Jedoch nutzen so wenige Menschen diese Plattformen, dass man ihnen nicht mehr Aufmerksamkeit geben sollte als anderen Publikationswegen, wie z.B. einer Zeitung.

Jedoch ist die Generation keineswegs »mächtiger« als die Generationen zuvor. Faktisch gesehen, können die »älteren« Generationen mit ihrem Wahlrecht mehr ausrichten als Jugendliche, die noch nicht wahlberechtigt sind. Zudem ist es so, dass die Generation Z keinen einzigen Volksvertreter im Bundestag hat, sofern man dies am Alter festmacht. Der jüngste Abgeordnete Roman Müller-Böhm, FDP, ist mit 27 Jahren (Stand Januar 2020) auch nicht mehr Teil der Generation Z. Der primäre Unterschied zwischen den verschiedenen Altersgruppen besteht also vorwiegend in der Kommunikation untereinander - allein wenn man an die Missverständnisse denkt, die über Social Media entstanden sind.

Und gerade diese Kommunikationskultur schadet der Gesellschaft, sie führt zu einer unnötigen Polarisierung. Missverständnisse entstehen, Aussagen werden verkürzt, teilweise missverständlich getroffen und können gar nicht so schnell richtiggestellt werden, wie der Shitstorm losbricht. Ein Beispiel dafür war der Tweet von Christian Lindner: »Ich finde politisches Engagement von Schülerinnen und Schülern toll. Von Kindern und Jugendlichen kann man aber nicht erwarten, dass sie bereits alle globalen Zusammenhänge, das technisch Sinnvolle und das ökonomisch Machbare sehen. Das ist eine Sache für Profis. CL«[13] Später erklärte er, wer mit den »Profis« gemeint war: »Profis meint hier nicht »Politiker« oder »Erwachsene«. Sondern die Wissenschaftler, Ingenieure. Die sollen über Auswahl der besten Mittel entscheiden, um Klimaschutz zu erreichen. TL« Jedoch wurde das (teilweise auch gewollt) missverstanden. Das spielte den politischen Gegnern der FDP natürlich in die Karten: Bernd Riexinger (Parteivorsitzender DIE LINKE) twitterte zum Beispiel: »#Profi oder #Experte ist nach Christian #Lindner offenkundig nur jemand, der entweder viel Geld aus der #Wirtschaft bekommt oder ihr nach dem Mund redet. Dabei sind die Bemühungen der #FDP zum #Klimaschutz so profimäßig wie irgendein Gebolze in der Kreisklasse... #Profis«. Gerade dies ist völlig unsachlich, da man der FDP wieder das Klischee der »Reichenpartei« und der Partei der Unternehmer anhängen möchte. Die FDP stellte früh eigene Vorschläge vor, um der Erderwärmung entgegenzuwirken.

Kritik an Äußerungen Anderer zu üben ist vollkommen legitim. Jedoch sollten Postings nicht missverstanden werden, um sie zu kritisieren. Das schadet zum einen der Chance auf spätere Zusammenarbeit (die in diesem Fall sowieso relativ unwahrscheinlich ist) und führt oft zu unnötigen Debatten. Zum anderen ist es gerade in dem Beispiel mit Christian Linder auch nötig, seine Aussage gut zu erklären, so dass wenig Raum zur Interpretation gelassen wird. So haben alle, besonders Politiker und Journalisten mehr Zeit, sich auf das Wesentliche - die Inhalte - zu konzentrieren und verschwenden keine Zeit mit missverständlichen Äußerungen.

# Die Debattenkultur

Kritisiert wird oft eine »fehlende Debatte«, die aber durch so ein Verhalten nicht gerade gefördert wird. Eine Vernünftige Auseinandersetzung mit Vorschlägen Anderer findet nur sehr selten statt. Das gilt nicht nur für Social Media, auch bei den berühmten »Stammtisch-Diskussionen«, die nicht nur in der Kneipe, sondern gerne auch mal bei Familienfesten oder sonstigen Zusammentreffen stattfinden, ist man von seiner eigenen Meinung oft so überzeugt, dass man trotz eindeutiger Faktenlage kein Stück von der eigenen Position abrücken möchte. Doch Debatte geht nur mit offenen Diskussionen.

Bei dem Vorschlag von Christian Linder fand gar keine anschließende Auseinandersetzung mit dem eigentlichen Thema statt, obwohl der Vorschlag keineswegs übertrieben oder unrealistisch war. Mit Innovation die Probleme zu lösen, wäre gerade in diesem Fall einfacher und wichtiger denn je. Denn wie von vielen Politikern (berechtigterweise) festgestellt, erreicht man durch Verbote und aufgezwungenen Verzicht nicht die Menschen und gewinnt sie nicht für ein saubereres Klima. Mehr dazu im Kapitel »Fridays for Future«.

Auch die Bundeskanzlerin Angela Merkel erkannte dieses Problem. 2018 sagte sie bei der Konrad-Adenauer-Stiftung im Hinblick auf soziale Medien: »Das Schöne ist, es gibt einen weit verbreiteten Drang, seine eigene Meinung auch ins Schaufenster zu stellen.«[14] Hingegen sehe sie aber nicht überall auch die Bereitschaft gleich ausgeprägt, sich respektvoll mit der Meinung anderer auseinanderzusetzen. Später fügt sie noch hinzu, wo der Kompromiss verächtlich gemacht werde, »da ist Demokratie in Gefahr«. Und damit liegt sie nicht falsch. Kompromisse gibt es zwar regelmäßig in der Politik - in vielen Diskussionen, online wie offline, fehlen sie jedoch. Es ist genau der Punkt damit gemeint, dass niemand von seiner Position abrücken möchte, nur um Recht zu behalten. Doch wie Frau Merkel sagt, ist die Demokratie da in Gefahr, wo es keine Kompromisse gibt. Ohne Kompromisse gibt es in den meisten Fällen eben auch keine Veränderungen. Um Veränderungen herbeizuführen werden nun einmal Kompromisse geschlossen, da keine Partei aktuell die absolute Mehrheit hat.

Kathrin Werner schrieb dazu einen spannenden Artikel in der »Süddeutschen«. Der Artikel trägt die Überschrift »Streit tut gut!« Und beginnt mit den Sätzen »In Deutschland ist die Debattenkultur verkümmert. Wer radikale Forderungen aufstellt, wird nicht ernst genommen. Das ist ein Fehler. Denn ohne Konflikt gibt es keinen Fortschritt.«[15] Sie führt in diesem Artikel das Beispiel Greta Thunberg an, und schreibt »wer radikale Forderungen aufstellt, gilt sofort als Spinner, als unvernünftiger Idealist, den man nicht erst nehmen muss.« Eine radikale Forderung braucht es eben oft, um eine Debatte anzustoßen. Der Kompromiss, auf den man sich letztendlich einigt, ist meist weniger radikal als die anfängliche Forderung. Diese war jedoch nötig, um die Debatte überhaupt ins Rollen zu bringen. Ein Beispiel war Kevin Kühnert, der eine Debatte um mögliche Enteignungen anstieß. Es setzte sich kaum jemand ernsthaft mit diesem Vorschlag auseinander, wobei die Kritik an der aktuellen Situation auf jeden Fall berechtigt war. Wenn Menschen sich keine Wohnung mehr in der Stadt leisten können, in der sie arbeiten, dann ist das bedenklich. Die Forderung, Menschen notfalls dafür zu enteignen, ist natürlich radikal und darf auch so abgestempelt werden, aber doch nicht ohne sich zum eigentlichen Problem zu äußern? Natürlich gibt es (berechtigterweise) viele Gegner von Enteignungen, jedoch ist das Wohnungsproblem so groß, dass es nicht einfach übergangen werden darf, besonders nicht von Regierungspolitikern. Die 2015 eingeführte Mietpreisbremse erfüllt offensichtlich nicht ihren Zweck und somit steigen die Mietpreise immer weiter. Doch statt sich mit diesem ernsthaften, für viele Menschen existenziellen Problem auseinander zu setzen, verurteilt man den Vorschlag der Enteignungen. Und genau das muss sich ändern. Man kann diesen Vorschlag ja verurteilen, aber bitte mit einem Lösungsansatz oder einem Beitrag zu einer sinnvollen Lösung.

Genauso ist es, wenn man alles bemängelt, was »die da oben« machen, wie sich Politiker verhalten und welche Gesetzte verabschiedetet werden. Natürlich kann man darüber meckern, doch es wäre gut, auch mal realistische Gegenvorschläge zu machen. Denn es gibt viele sehr komplexe Themen und Probleme, die nicht einfach zu lösen sind. Dazu gehören die steigenden Mietpreise, die Erderwärmung, die Flüchtlingskrise, Finanzkrise etc.

Zu einer Demokratie gehört es, auch andere Meinungen zu akzeptieren und sich mit berechtigten Vorschlägen auseinanderzusetzen. Wie die Diskussionskultur in Deutschland aktuell aussieht ist umstritten. Die einen sagen, hier kann man alles sagen, andere sagen wiederum, dass man hier in Deutschland aufpassen müsste, was man sagt, wenn man nicht abgestempelt werden möchte. Allein diese Tatsache zeigt, wie unterschiedlich die Wahrnehmung von

Meinungsfreiheit ist. Der Artikel von Alexander Straßner in der »WELT« beschreibt das (nicht) Akzeptieren anderer Meinung. Der Artikel trägt den Titel: »Ein Hilfeschrei der Jugend? Eher ein Vorbote extremistischen Denkens«. Weiter schreibt Straßner: »Aktivisten wie Luisa Neubauer und Greta Thunberg glauben, von vornherein im Recht zu sein - weil sie für das Gemeinwohl kämpfen.«[16] Sicher hat er damit Recht, dass die Aktivisten langfristig für das Gemeinwohl kämpfen - über den Weg dahin lässt sich allerdings streiten. Nicht dienlich für das Gemeinwohl ist es, wenn zahlreiche Menschen ihren Arbeitsplatz verlieren. Wie in dem Artikel beschrieben, wird nicht argumentiert und diskutiert, sondern der Gegenüber »moralisch diskreditiert«, so dass eine faktenbasierte Diskussion schwer möglich ist. Moral sollte immer eine Rolle spielen, aber nicht die Einzige. Ganz nach dem Motto des Buches von Boris Palmer »Erst die Fakten, dann die Moral«. Moralisch ist vieles vertretbar, nach einem Fakten- bzw. Realitätscheck vielleicht nicht mehr. Laut UNO Flüchtlingshilfe waren Ende 2018 70,8 Millionen Menschen auf der Flucht.[17] Moralisch ist es vielleicht vertretbar, alle Menschen, die auf der Flucht sind, nach Deutschland zu holen und ihnen zu helfen, faktisch ist das aber so gut wie unmöglich. Moralisch ist es für einige auch vertretbar, das Fliegen komplett zu verbieten, faktisch gesehen würde das vielen Bereichen schaden, besonders der Wirtschaft. Zudem würde das die (Reise-) Freiheit der Menschen so stark einschränken, dass es nicht einmal moralisch vertretbar wäre. Die Moral ist jedenfalls kein Argument, welches eine Forderung oder ein Gesetz rechtfertigt und keiner Diskussion mehr bedarf. Die Moral spielt bei der Entscheidung eine Rolle und sollte auch eine spielen, doch sollten die Fakten nicht unter den Tisch fallen.

Berechtigte Vorschläge können vom »politischen Gegner« kommen und durchaus sinnvoll sein. Aktuell hat man manchmal das Gefühl, Gesetze und Vorschläge werden abgelehnt, weil sie von der einen Partei oder Fraktion kommen. Statt hier über den Sinn oder den Nutzen zu sprechen, lässt man sich gar nicht auf eine vernünftige Diskussion zu einem Thema ein. Kompromisse gehören, wie oben beschrieben, ebenfalls zum demokratischen Prozess und sollten immer in Betracht gezogen werden, um zu einer Einigung zu kommen. Im Artikel der »Süddeutschen« ist die Rede davon, dass »die Hoffnung der Welt junge Menschen« sind, die Debatten anstoßen. Und so sollte es sein, egal von wo die Debatte angestoßen wird, wenn sie später zu einem sinnvollen Diskurs und vielleicht zu der Lösung eines Problems führt, ist man vorangekommen. Zu einer vernünftigen Debattenkultur gehört genauso, dass man sich erst einmal mit jedem an einen Tisch setzen und reden (ggf. verhandeln) kann, besonders mit Menschen und Volksvertretern, die durch eine Wahl als solche legitimiert wurden.

Problematisch wird es, wenn man Fakten verzerrt darstellt bzw. sie so dreht, dass sie die eigene Meinung stützen. Klaus Hurrelmann schreibt in seinem neuen Buch: »[…] Fridays for Future (FFF) hat seitdem in fast allen europäischen Ländern Fuß gefasst und auf andere Kontinente ausgestrahlt. Im Frühjahr 2019 konnte die Bewegung bereits weltweit über 1,6 Millionen Menschen auf die Straße bringen - in der Mehrzahl Schülerinnen und Schüler. […]«[18] Faktisch ist das alles richtig, jedoch verzerrt die Schlussfolgerung die Realität. Denn wenn man sieht, das von den 1,6 Millionen Menschen weltweit nur 200.000 Menschen außerhalb Deutschlands auf die Straße gegangen sind, würde ich nicht von einer Bewegung sprechen, die in »fast allen europäischen Ländern Fuß gefasst hat«.[19] Eine relevante internationale Bewegung ist es damit keinesfalls. Es unterstreicht lediglich den Einfluss in Deutschland, als nationale Bewegung. Die Zahlen der demonstrierenden in Deutschland waren überall zu lesen. Gut informierte Menschen kennen die komplette Faktenlage und sehen, dass man hier die Tatsachen etwas verdreht. Ohne den geschätzten Herrn Hurrelmann hier zu sehr kritisieren zu wollen, Leute, die diese Zahlen zum ersten Mal sehen, übernehmen vielleicht diese Auffassung ohne die zusätzlich bestehenden Informationen mitzubedenken. Wie auch, wenn sie diese nicht kennen? Ich hätte mir einfach gewünscht, dass man dazu erwähnt, dass weltweit relatv wenig Menschen außerhalb Deutschlands auf die Straße gegangen sind.

Z: keine produktive / gute Debattenkultur in Deutschland; kontruktives Feedback wird nicht mehr verwendet

# Aktuelles Verhältnis der Generation Z zur Politik

## Die Wahlen der letzten Jahre

Die Generation Z - eine Generation, die eher mit Parteien sympathisieren, die dem »linken« Parteienspektrum zugerechnet werden? Winston Churchill sagte einmal: »Wer mit 20 kein Kommunist ist, hat kein Herz. Wer mit 40 Kommunist ist, keinen Verstand.«[20] Er deutet damit an, dass sich die Einstellung (junger) Menschen mit der Zeit verändert und junge Leute generell linker wählen, sich mit der Zeit aber besinnen und konservativer und liberaler werden, was sich im Wahlverhalten widerspiegelt. Es scheint also so zu sein, dass junge Menschen generell linker wählen und dass schon viele Jahrzehnte. Doch was sagen die Wahlergebnisse? Dazu kann man sich gut das Verhalten der Wahlberechtigten unter 25 bei der Bundestagswahl 2017 und bei der Europawahl 2019 ansehen. Bei der Bundestagswahl 2017 waren CDU und SPD mit Abstand die stärksten Kräfte, wenn auch nicht so erfolgreich wie bei den Wahlen zuvor. Anders sieht es aus, wenn man die Wahlergebnisse nach Altersgruppen betrachtet - bis auf SPD und CDU hatten alle Parteien mehr Stimmenanteile bei den jungen Menschen bis zu einem Alter von 25 Jahren, als bei allen Wahlberechtigten zusammen.[21]

Mit diesen beiden Grafiken kann man die Unterschiede ganz gut veranschaulichen.

Abb. 1

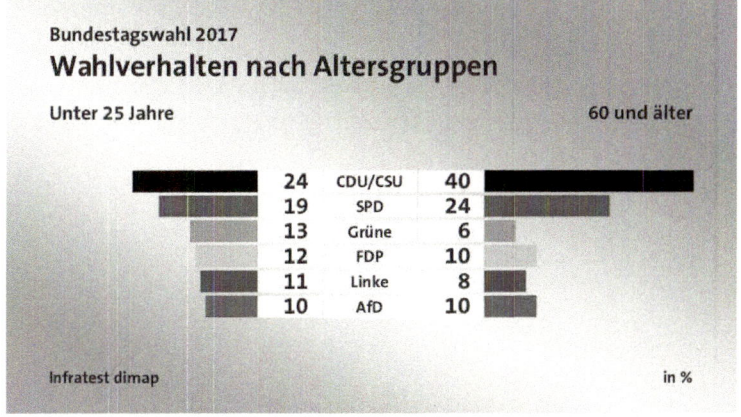

Abb. 2

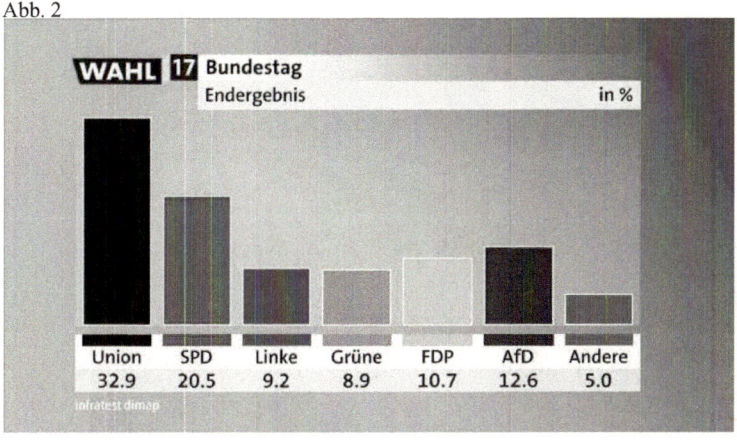

Überraschend ist es vielleicht, dass die Grünen nur 13% bei der vermeintlichen »Klima-Generation« haben, wobei hier zu beachten gilt, dass dies die Wahlergebnisse der Bundestagswahl aus dem Jahr 2017 sind, als es »Fridays for Future« und den »Klima-Hype« noch nicht gab. Für die »Altparteien« ist es zwar ein akzeptables Ergebnis, womit sie keinesfalls Fall zufrieden sein sollten. Wenn man sich dagegen die Ergebnisse der Europawahl anschaut, sollten fast alle Parteien ins Schwitzen kommen.

47

Es ist drauf hinzuweisen, dass hier einmal die Stimmenanteile der U25-Wähler mit den Stimmen der Erstwähler verglichen werden. Die Erstwähler zählen natürlich zu den U25-Wählern, jedoch gib es auch einige Wähler in diesem Alter, die nicht zum ersten Mal wählen.

Abb. 3

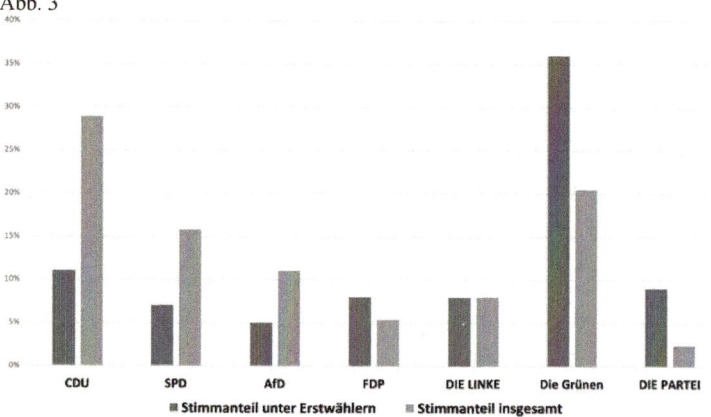

■ Stimmanteil unter Erstwählern   ■ Stimmanteil insgesamt

Es war ein Paukenschlag. Die Stimmenanteile haben sich seit der Bundestagswahl massiv verändert. Nicht mehr die AfD, sondern die Grünen sind jetzt »Wahlsieger«. Die Grünen sind sogar vor der SPD, also zweitstärkste Kraft hinter der Union. Die CDU liegt bei den Erstwählern bei nur 11%, die SPD bei 7%, die Grünen dagegen bei 36%, ein Riesenerfolg. Noch brisanter - DIE PARTEI, eine Satire-Partei bei 9%, also mehr Stimmen als die SPD. Ziele der Partei DIE PARTEI sind u.a. ein atomares Endlager für den Prenzlauer Berg.[22] Jedoch wird die Partei wohl nicht wegen der Inhalte gewählt. DIE PARTEI weiß, wie man die Generation Z erreicht. Mit humorvoller Weise kann man seinen Protest ausdrücken, ohne die Wahl zu verweigern. Ob wegen fehlender Volksnähe oder eines fehlenden Unterschiedes zwischen den Parteien. Es gibt mit Sicherheit viele Gründe, warum man nicht ernsthaft für eine Partei stimmt. Gerade diese Zielgruppe bedient »DIE PARTEI«. Auf Instagram, dem sozialen Netzwerk der Jugendlichen, liegt die Partei mit über 300.000 Followern klar vor den anderen Parteien. Hinzu kommen Sprüche auf Wahlplakaten wie »MILFs gegen Merkel!« oder »Sozial ist wer Bier ranschafft«. Das klingt erstmal lustig, hält viele Menschen vielleicht auch eher davon ab, diese Partei zu wählen. Ich halte es für höchst bedenklich, dass eine solche Partei 9% der Stimmen von Erstwählern erhält, was aber deutlich zeigt, dass die etablierten Parteien die Wähler nicht erreichen. Außer den Grünen hat es keine Partei geschafft, ein zufrieden stellendes Ergebnis zu erzielen. Doch woran liegt das? Das Ergebnis bei den Erstwählern wurde sicher auch von der beschlossenen Urheberrechtsreform, dem »Artikel 13«, sowie von dem Video des YouTubers »Rezo ja lol ey« beeinflusst. »Die Zerstörung der CDU« hieß das Video, erreichte über 15 Millionen Aufrufe und hatte wahrscheinlich erheblichen Einfluss auf das Wahlverhalten der Erstwähler, obwohl sich genau dort die Meinungen scheiden. »Ich glaube aber trotzdem nicht, dass am Ende irgendwer seine Wahlentscheidung geändert hat, nur weil »Rezo« das Video gemacht hat«, so Charles Bahr und weiter: » […] einfach weil die Menschen, die hinter einer Partei stehen, die reflektieren zumindest die Informationen, die in diesem Video waren. Und sind wir mal ehrlich, die Zuschauer, die sich dieses Video angeschaut haben - ich bin mir sicher, dass 40 Prozent davon noch nicht wahlberechtigt sind.« Eva Schulz sieht das anders: »Ich glaube, dass insbesondere junge Leute, die sich im Vorfeld noch gar nicht so intensiv damit auseinandergesetzt hatten, was und ob sie wählen wollen, durch das Video beeinflusst wurden. Ich kann mir vorstellen, dass beides passiert ist, also dass Rezo Leute mobilisiert hat überhaupt zur Wahl zu gehen und er dafür gesorgt hat, dass die wenigsten Leute, die Rezo vertrauen, noch die CDU gewählt haben werden. Er wird sicher der Union junge Wählerinnen und Wähler weggenommen haben.« Letztendlich kann man darüber nur spekulieren, für viel Aufmerksamkeit, auch innerhalb der Generation Z, sorgte das Video aber allemal.

Die Parteien, allen voran die CDU und SPD, mussten erhebliche Verluste bei den jüngsten Wählern einbüßen. Besonders CDU und SPD drohen eine ganz Generation zu verlieren. Denn ein Eingriff in das Internet hätte merkliche Folgen für fast jeden aus dieser Generation. Nimmt man nun die Politiker, die über diese Reform entscheiden und von denen die meisten kein Instagram nutzen oder YouTuber wie z.B. »Rezo« gucken, ist es verständlich, dass seitens der Jugendlichen fehlendes Verständnis für die Sichtweise der jungen Menschen sowie fehlendes Verständnis über die Auswirkungen vorgeworfen wird. Würden die Erstwähler die Machtverhältnisse bestimmen, hätten sie diese mit dem Ergebnis auf den Kopf gestellt. Mittlerweile haben immer mehr Politiker erkannt, wie wichtig die Selbstdarstellung, besonders auf bzw. in den sozialen Netzwerken ist. Denn Social Media ist das Medium der Jugend. Ohne Werbung für einzelne Dienste machen zu wollen bieten sich Möglichkeiten, die Zielgruppe so genau es nur geht zu bewerben und sozusagen »maßgeschneiderte Werbung« zu schalten. Was das für negative Auswirkungen hat, analysiere ich im Kapitel »Wahlbeeinflussung durch Social Media«.

Wie also steht es aktuell um das Verhältnis der Generation Z »zur Politik«? Ich würde es als angespannt, teils sogar distanziert beschreiben. Wie angespannt das Verhältnis ist, ist tagtäglich online und regelmäßig auch auf der Straße zu erleben. Man ist unzufrieden mit der aktuellen Politik und ihren Entscheidungen und möchte sie dazu bewegen, ihren Kurs zu ändern. Mittlerweile findet eine Annäherung zwischen der Politik und der »unzufriedenen« Jugend statt, weil sich die Politiker ernsthaft mit den Anliegen der jungen Menschen auseinandersetzen. Die Menschen, deren Verhältnis man aktuell als distanziert beschreiben würde, verbinden ihren Unmut zu einem bestimmten Thema oft auch mit Systemkritik (beispielsweise an der sozialen Marktwirtschaft). Ob man hier auch nur ein Thema vorschiebt, ist nicht immer klar ersichtlich, da die Kritik ziemlich generell ist und Systemkritik eigentlich auch weniger zu beachten sein sollte, da die meisten Deutschen sich für die soziale Marktwirtschaft aussprechen.[23]

So etwas wie einen »Generationskrieg«, bei dem man sich mit Politikern nicht mehr an einen Tisch setzen und über das politische Geschehen und spezifische Themen austauschen kann, gibt es meines Erachtens nach nicht. Das eine Verhältnis gibt es nicht, weil die jungen Menschen total unterschiedlich zu Parteien und zur Politik eingestellt sind. Bei vielen herrscht allerdings eine gewisse Skepsis vor, die auch mit der Unnahbarkeit einiger Politiker zu tun hat.

# Die Politikverdrossenheit

Den jungen Menschen wird gerne eine Politikverdrossenheit, also ein fehlendes Interesse an politischen Geschehnissen, vorgeworfen. Besser gesagt, es wurde ihnen vorgeworfen. Seit »Fridays for Future«, der Urheberrechtsreform (Artikel 13) oder dem Video »Die Zerstörung der CDU« von »Rezo« ist landesweit bekannt, dass die jungen Menschen sich auch für Themen stark machen können und so großen Druck auf die Politik, sogar auf die Bundesregierung, ausüben und sie zu einem Umdenken bewegen. Doch wie bereits festgestellt, konzentriert sich das Interesse bei vielen auf ein spezifisches Thema. Das ist ein bisschen schade, da eigentlich jedes Thema, meist Problem, keinem einzelnen bestimmten Bereich zuzuordnen ist. Um zum Beispiel beim Klima eine finale Lösung zu finden, muss man Umweltpolitik, Wirtschaftspolitik und auch die Sozialpolitik mit einbeziehen. Wenn man jetzt sagt: »Die Wirtschaft ist eh langweilig.«, dann ist das erstmal schade und nicht weit genug gedacht. Denn nur wenn man alle Bereiche und Menschen mit einbezieht, kann man zu einer guten Entscheidung kommen. Dafür ist es eben auch nötig, andere Bereiche zu verstehen, dafür muss man sich auch mit ihnen und ihrer Denkweise auseinandersetzen. Wer sich ein bisschen mit einem politischen und/oder gesellschaftlichen Thema auseinandersetzt merkt schnell, wie viele Bereiche mit jedem Thema zusammenhängen und wie viel es zu beachten gilt, wenn man erfolgreich etwas verändern oder beibehalten möchte. Wer also politisch etwas verändern möchte, muss sich auch mit den anderen Sichtweisen ausreichend auseinandersetzen, um dort Probleme oder Auswirkungen zu kennen und sinnvolle Kompromisse schließen zu können.

Das gilt besonders für Politiker, aber auch für Aktivisten bzw. Menschen, die sich für ein bestimmtes Thema einsetzen. Um »Fridays for Future« als Beispiel zu nehmen, muss man auch immer die Folgen geforderter Veränderungen bedenken. Denn durch radikale Änderungen in der Energiepolitik gehen z.B. Arbeitsplätze verloren, ein Thema, mit dem sich die Politik immer auseinandersetzen muss.[24] An den Arbeitsplätzen hängen Familien, für die ein Verlust des Arbeitsplatzes einen tiefen Einschnitt in das Leben bedeuten würde und deren Bedürfnisse es zu beachten gilt.

Als politisch »interessiert« oder »sehr interessiert« bezeichnen sich laut der Shell Jugendstudie 41 Prozent der Jugendlichen.[25] Das ist nicht einmal die Hälfte und spricht für eine Politikverdrossenheit bei vielen Jugendlichen. Doch woher kommt das Desinteresse? Es gibt so viele Fraktionen im Bundestag wie noch nie und Jugendliche nehmen auf das politische Geschehen wahrscheinlich so viel Einfluss, wie nie zuvor. Dagegen steht Frau Merkel, die seit fast 15 Jahren Bundeskanzlerin ist, die »GroKo«, die eigentlich keine große Koalition mehr ist, regiert immer noch. Die meisten Politiker sind meist so sehr von sich und ihrer Meinung überzeugt und man hat das Gefühl, dass selbst gute Argumente die Volksvertreter nicht umstimmen können. Deutlich wird das dann auch an Debatten, in denen man so von seiner Meinung und davon, dass es die richtige ist, überzeugt ist, dass es von vornherein keine offene Diskussion ist. Und ohne offene Diskussionen verlieren viele Bürger das Interesse.

Jedoch schwindet die Politikverdrossenheit bei vielen jungen Menschen. Das liegt aber eher weniger daran, dass die Politik erfolgreich gehandelt hat, es liegt besonders daran, dass sich die Medienlandschaft für die Jugend verändert hat. Es gibt immer mehr Formate, besonders auf YouTube und durch »funk« produziert, die das politische Geschehen gut erklären und mit Politkern trotzdem auf Augenhöhe ins Gespräch kommen. Auch durch die Vlogger, Gamer und die weiteren Influencer, die von der Urheberrechtsreform betroffen gewesen wären, kamen viele, vielleicht sogar zum ersten Mal, mit lebhafter Politik in Kontakt. Das politische Geschehen ist somit auch in der »Online-Welt« voll angekommen. Durch »Fridays for Future« haben ohnehin viele mitbekommen, wie Mitschüler sich engagieren und konnten durch den »Artikel 13« zumindest einem aktuellen politischen Geschehen nicht mehr ausweichen. Doch der Umgang mit diesem Thema förderte nicht gerade das Interesse der jungen Menschen. Viele der Politiker wussten gar nicht, worum es geht und verstanden die Sorgen der Jugendlichen nicht. Nicht einmal die großen Proteste konnten die meisten Politiker umstimmen oder beeindrucken und davon abhalten für die Reform zu stimmen. Es führte nicht einmal dazu, dass man die Abstimmung über die Reform vertagte, um sich vielleicht noch einmal die Argumente der zahlreichen jungen Gegner anzuhören.

Wenn man sich für ein Thema einsetzt, was einen direkt betrifft, sich engagiert und etwas auf die Beine stellt, es aber nichts bzw. kaum etwas bringt, dann ist das ernüchternd und spricht nicht gerade für die »lebhafte Demokratie«, in der die Volksvertreter die Interessen des Volkes vertreten. Natürlich machen die Jugendlichen einen so kleinen Anteil der deutschen Bevölkerung aus, jedoch wollte man die jungen Menschen, die man sonst dazu animiert sich zu engagieren, nicht wirklich ernst nehmen. Und genau das ist es, was das

Desinteresse hervorruft - das Gefühl wenig bewegen zu können. Man sollte die Menschen in die Entstehung eines Gesetzes mehr mit einbinden und ihnen die Möglichkeit geben mitzugestalten. Besonders bei Themen, bei denen man sich nicht so auskennt wie andere Menschen sollte man sich mit beiden Seiten ausreichend unterhalten, um die eigene Entscheidung treffen zu können. Denn Politiker kennen sich nicht in jedem Bereich am besten aus, das können und müssen sie auch gar nicht, wenn sie sich ausreichend informieren und verschiedene Meinungen einholen, um sich die eigene Meinung bilden zu können. Dazu gehört es auch, sich bei Themen, die die Jugend direkt betreffen, zum Beispiel Schüler zu fragen, was sie davon halten und welche Ideen sie haben.

Von einer generellen Politikverdrossenheit zu sprechen, ist also falsch. Natürlich gibt es junge Menschen, die sich überhaupt nicht mit gesellschaftlichen und politischen Ereignissen beschäftigen, andere hingegen sehr intensiv. Die breite Masse würde ich aber keinesfalls als politikverdrossen bezeichnen. Auch wenn sich das Interesse bei den meisten bisher auf wenige Themen beschränkt, besteht jedoch ein generelles Interesse in der Generation Z. Die Generation ist nicht zu unterschätzen, denn sie hat gezeigt, wie schnell sie Einfluss auf aktuelle politische Entscheidungen nehmen kann.

# Das »Rezo-Video«

Dieser Typ mit den blauen Haaren, das ist »Rezo«. Das Video mit einer Länge von 55 Minuten hat die CDU wohl nachhaltig verändert. Am 18. Mai 2019 veröffentlichte »Rezo« das Video »Die Zerstörung der CDU«, er konfrontierte nicht nur die Politik, sondern die ganze Gesellschaft mit teilweise berechtigten Vorwürfen. Doch wie kam es zu dem Video? »Rezo« war bzw. ist unzufrieden mit der aktuellen Politik der Regierungsparteien und brachte dies zur Sprache. Allerdings kamen auch FDP und AfD nicht so gut weg, auch wenn CDU/CSU sich natürlich am meisten anhören mussten. Mirko Drotschmann ergänzt noch: »[…] Er hat ja vorher schon einmal ein Zerstörungsvideo über einen YouTube-Kanal gemacht und hat da wahrscheinlich so ein bisschen Blut geleckt und sich gedacht: ›Jetzt drehe ich das ganz große Rad‹ (lacht) […].« Hier mit etwas Humor verpackt, spricht er einen möglichen Beweggrund an. »Rezo« weist zwar die Vorwürfe zurück, dass er einen finanziellen Beweggrund gehabt hätte und führt an, dass er die Monetarisierung ja bewusst ausgeschaltet hätte und somit kein Geld durch Werbung in diesem Video verdient, das ist für jeden ersichtlich. Doch der finanzielle Beweggrund ist weniger das Geld, das er mit diesem Video hätte verdienen können, vielmehr steht die Marke »Rezo« im Vordergrund, denn bessere Werbung gibt es nicht, egal wie viel Geld man in die Hand nimmt. Unabhängig vom Alter, jeder, der in der Woche der Veröffentlichung des »Rezo-Videos« Zugang zum Internet, Radio oder Fernsehen hatte, kennt »Rezo«. Die Aufmerksamkeit war enorm, wer kann schon behaupten, auf dem »SPIEGEL-Cover« gewesen zu sein? Das hatte natürlich einen positiven und nachhaltigen Effekt auf die Marke »Rezo«.

»Rezo« beginnt mit der Schere zwischen »arm« und »reich«. Er kritisiert, dass die Bundesregierung nichts dafür tut, diese Lücke zu schließen und merkt nebenbei noch an: »Die meisten Leute erben nur noch« und hätten Glück gehabt.[26] Doch das Geld, welches vererbt wird, wurde schon einmal erarbeitet. Natürlich haben diese Menschen im finanziellen Sinne Glück, wenn man mal außen vorlässt, dass die Erben meistens auch einen Menschen, der ihnen nahestand, verloren haben. Ich verstehe auch nicht, was sein Gegenvorschlag wäre. Sollte man die Erbschaftssteuer erhöhen, also auf schon versteuertes Geld nochmal höhere Steuern erheben als heute? Es erinnert ein wenig an die Neiddebatte, die nicht selten aufkommt. Zudem darf man nicht vergessen, dass die Menschen mit einem höheren Einkommen auch schon höhere Steuern zahlen. Und natürlich hat er recht, die Schere zwischen arm und reich ist relativ weit auseinander. Doch da spielt nicht nur die Politik der Bundesregierung eine Rolle. Steigende Immobilienpreise, von denen Eigentümer profitieren, sowie steigende Aktienkurse, von denen Aktieninhaber profitieren, haben einen erheblichen Anteil an dem finanziellen Unterschied zwischen »arm« und »reich«.[27] Dass die aktuellen Regierungsparteien (CDU, CSU und SPD) dies fördern ist falsch. Seit 2005 ist die Ungleichheit der verfügbaren Einkommen stabil.[28] Seit 2005 stellt die CDU die Regierung, FDP und SPD waren nacheinander Bündnispartner.

Als nächstes übt »Rezo« Kritik an den, seiner Meinung nach, zu niedrigen Bildungsausgaben. Völlig legitim, denn

Deutschland schneidet bekanntlich bei Ländervergleichen schlechter als viele andere Nachbarländer ab. Deutschland ist zwar im Mittelfeld[29], doch sollte ein Land dieser Größe und mit diesen finanziellen Möglichkeiten den Anspruch haben, zu den Besten zu gehören, zumal Deutschlands Ressource der Zukunft die Bildung ist. Wir haben keine großen Rohstoffvorkommen, sondern brauchen kluge Köpfe als »Rohstoff«. Hier an der Bildung zu sparen ist ein fataler Fehler.

Was mich schon ein bisschen verwunderte - »Rezo« sagt nach etwa 5 Minuten: »Wirtschaft ist eh öde.«[30] Wie wir später sehen, fordert er ein massives Umdenken in der Klimapolitik und fordert die die Bundesregierung auf »krass was zu ändern«. Doch Geld wächst bekanntlich nicht auf Bäumen, sondern muss erwirtschaftet werden. Dass Deutschland den finanziellen Spielraum hat, gleichzeitig aus Kern- und Kohlekraft auszusteigen oder eben mal ein Klimapaket zu beschließen, verdanken wir den fleißigen Menschen und den Unternehmen dieses Landes, der Wirtschaft. Es besteht ein unmittelbarer Zusammenhang zwischen der Wirtschaft und dem Möglichen, wenn man von Klimaschutz spricht. Die Wirtschaft ist gerade nicht langweilig, weil es ohne starke Wirtschaft schwer wird, große Veränderungen umzusetzen. Genau aus diesem Grund ist es auch wichtig, die Unternehmen mit einzubinden, wenn es darum geht, drastische Maßnahmen, die die Unternehmen direkt betreffen, zu verabschieden. Die starke Wirtschaft Deutschlands, die wir vielen fleißigen Menschen verdanken, verschafft Deutschland die Möglichkeit, internationale Beachtung zu finden und Einfluss auf andere Staaten nehmen zu können, auch in Sachen Klimaschutz.

»Naturkatastrophen nehmen durch die Erderwärmung zu«, so »Rezo«. Ja, das stimmt. Doch für die Erderwärmung ist Deutschland nicht allein verantwortlich. Festgemacht wird das meistens an den $CO_2$-Emissionen, die eine Nation ausstößt. Mit einem Anteil von 2,3% an den weltweiten Emissionen liegt Deutschland weit hinter den größten (wie der SPIEGEL titelte) »Klimasündern«.[31] Namentlich sind es die USA mit 15% der Emissionen und China mit 28% der Emissionen. Das befreit uns keinesfalls von wirkungsvollen Maßnahmen, jedoch ist es mindestens genauso wichtig, China und die Vereinigten Staaten von Amerika mit einzubeziehen. Selbst wenn Deutschland in den nächsten Jahren $CO_2$-neutral wird, würde es keinen relevanten Unterschied machen.[32]

Laut »Rezo« und seinen Quellen, steigen die Energiepreise nicht unbedingt durch erneuerbare Energien, ab wann dies so ist lässt er offen, wohl bewusst. Denn aktuell steigen besonders die Strompreise, also die Preise, die beim Endverbraucher ankommen.[33] Weiter sagt er: »[...] CDU und SPD müssen eigentlich nur umsetzen, was die Wissenschaftler sagen. [...] Das Ding ist, machen sie nicht [...].«[34] Dabei vergisst er wohl, dass es einen Grund hat, dass man Volksvertreter wählt, die Entscheidungen in einer demokratischen Wahl treffen. Es gibt Wissenschaftler für viele Bereiche, auch für die Wirtschaft. Man könnte also genauso die These aufstellen: »Man muss eigentlich nur umsetzen, was die Wirtschaftswissenschaftler sagen.« Wenn diese sagen, wir sollten so gut wie alle Bemühungen erstmal einstellen, dann machen wir das!? Nein! Die Politiker wägen die Entscheidung ab und werden sich für Kompromisse entscheiden, weil es eben nicht nur Schwarz und Weiß gibt. Nur weil die Klimawissenschaftler in den Augen von »Rezo« die »Guten« sind, sollte man nicht einfach ihre Vorschläge übernehmen.

Doch »Rezo« übergeht einfach den Fakt, dass Deutschland die Welt alleine nicht retten kann: »Wir haben unsere eigenen Ziele nicht eingehalten.«[35] Lange sah es so aus, als ob Deutschland hier nicht die eigenen Versprechen einhält, ein schwaches Zeichen. Jedoch ist es möglich, dass Deutschland durch die »Corona-Pandemie« doch noch die Klimaziele 2020 erreicht. Zu der Zeit des Videos, sah es aber so aus, als ob das Ziel nicht mehr zu erreichen ist. Zudem kritisiert er die Bundesregierung aus dem Jahr 2012 (Union und FDP, nicht wie er behauptete Union und SPD) dafür, dass sie 80.000 Arbeitsplätze in der Solarbranche abbaute und an 20.000 Arbeitsplätzen in der Kohleindustrie festhält. Dass fast Einhunderttausend Menschen ihren Arbeitsplatz verloren, in einer Branche, auf die die Regierung immer mehr zurückgreifen möchte, ist unverständlich. Man muss zwar sagen, dass die ausländische Konkurrenz zu dieser Zeit immer stärker wurde, trotzdem hätte man hier zumindest einen größeren Teil der Arbeitsplätze versuchen müssen zu halten.[36] Die Argumentation, dass in der Solarbranche ja schon 80.000 Arbeitsplätze verloren gegangen sind und 20.000 in der Kohlebranche nicht mal annähernd so viele wären, kann ich nicht nachvollziehen. Nur weil 80.000 Menschen ihren Arbeitsplatz verlieren, ist es doch nicht egal, ob weitere 20.000 ihren Arbeitsplatz verlieren. Hingegen kann ich die Kritik an den Subventionen, die immer noch an die Kohleindustrie fließen, nachvollziehen. Warum muss man die Kohleindustrie hier noch »künstlich« wettbewerbsfähig machen? »Rezo« merkt an, dass es »sich auch langfristig lohnt« in den Klimaschutz zu investieren. Damit spielt er auf mögliche Naturkatastrophen an, die eine zu schnelle

Erderwärmung mit sich bringen würde. Im Prinzip hat er damit recht, die Bewältigung solcher Katastrophen würde, neben der Gefahr für die Menschen, sehr kostspielig werden. Doch gerade das verdeutlicht doch, dass es nicht sinnvoll ist, alle verfügbaren Ressourcen in den Klimaschutz zu investieren, denn sollten die anderen (entscheidenden) Nationen nicht mitziehen, fehlen Deutschland vielleicht diese Gelder für die Katastrophenbekämpfung. Er beendet seinen Teil zum Klima mit den Sätzen: »Hier geht es nicht um eine andere Meinung oder so […].«[37] Ich halte diese Aussage für sehr problematisch, weil man nicht alle seine Fakten so sehen muss wie er. Es gibt eben nicht die »richtige Meinung«!

Dass er die Kenntnisse der Drogenbeauftragten aus der vorherigen Legislaturperiode kritisierte ist nicht überraschend und völlig nachvollziehbar, genauso wie die (fehlenden) Kenntnisse einiger Politiker, besonders von einigen »CDUlern«, in der Debatte um die Urheberrechtsreform. Doch um sich selber ein Bild davon zu machen, lohnt es sich auf jeden Fall, sich das Interview von Tilo Jung mit Marlene Mortler anzuschauen.

Nebenbei erwähnt er: »Es soll keiner denken, die AfD ist eine legitime Option« […]. Doch warum meint er, dass er das Recht hat zu legitimieren, wer gewählt werden darf? Die AfD wurde von Millionen Menschen gewählt und ist aktuell stärkste Oppositionskraft. Es hat niemand, außer dem Bundesverfassungsgericht, zu entscheiden, welche Wahl »legitim« ist.[38] »Es gibt nur eine legitime Einstellung, und zwar dafür zu sorgen, dass es so schnell wie möglich einen drastischen Kurswechsel gibt«, so »Rezo«.[39] Genau das ist das Problem des Videos, er denkt, dass nur seine Meinung legitim ist.

Am Ende heißt es: »[…] Kein Plan, wen man wählen sollte. Bin ja kein Prophet. Lest euch die Standpunkte von Parteien selbst durch. Hauptsache, die erkennen die Wissenschaft an, also sind für einen starken Kurswechsel bei der Erderwärmung.« Die Wissenschaft anzuerkennen heißt nicht gleich, auch deren vorgeschlagenen Weg genauso umzusetzen, wie sie es fordern. Ich erkenne die Wissenschaft auch an, wenn ich der Auffassung bin und der Wissenschaft zustimme, dass der Mensch Teil des Problems bei der Erderwärmung ist, aber andere Maßnahmen vorschlagen würde.

Ob es geplant war, dass das Video so erfolgreich wird, glaube ich nicht. Wahrscheinlich war »Rezo« letztendlich selbst überrascht, wie viele Menschen sich dieses Video angesehen haben. Auch Mirko Drotschmann sieht das so: »Ohne mit ihm gesprochen zu haben, glaube ich aber, dass er sich gewünscht hätte, dass das Video nicht so viel Aufmerksamkeit bekommen hätte, wie es letztendlich bekommen hat.« Weiter sagt er: »Manche Dinge sind ein bisschen verkürzt dargestellt, sehr zugespitzt und gewisse Dinge, die man hätte erwähnen sollen, wurden ausgelassen. Gerne wurde auch auf das Stilmittel der Quelle zurückgegriffen, um vermeintlich Tatsachen zu schaffen, also zu sagen ›es ist so und so und ich habe dafür diese Quelle‹, das finde ich ein bisschen schwierig. Eine Quellenkritik hat in dieser Form im Video auch nicht stattgefunden, das ist zumindest mein Eindruck.« Denn ein Fakt lässt nicht nur einen Schluss und eine Meinung zu. Die aktuelle Diskussionskultur leidet sehr darunter, dass jeder von seiner Deutung eines Faktes überzeugt ist. Mirko Drotschmann sagt aber auch: »Also journalistisch gesehen, hatte das viele Schwächen, aber insgesamt muss ich sagen, habe ich mich schon gefreut, dass jemand mit dieser Reichweite über wichtige politische Themen spricht. Gerade auch, weil Außenstehende gesehen haben, dass YouTube politisch eine Relevanz hat.« Die analoge Welt hat endlich verstanden, wie wichtig gerade YouTube auch für die Meinungsbildung vieler Menschen ist. Dass die Menschen YouTube als Informationsquelle erst nehmen, dazu hat »Rezo« entscheidend beigetragen.

Zu der Antwort der CDU wurde mindestens genauso viel geschrieben, wie zum Video selbst. Man ist sich einig, dass die Reaktion alles andere als optimal war. Paul Ziemiak sagt dazu: »Ich kann versprechen, dass wir jedenfalls nicht mit einem PDF antworten (lacht). Am Ende ist aber jede Situation anders. Kommunikation muss aus meiner Sicht vor allem authentisch und glaubwürdig sein und so dass es auch die Community versteht.« Vor allem die CDU hat aus ihren Fehlern gelernt und ist besser auf mögliche Nachahmer vorbereitet. Ich glaube, es wäre sinnvoll gewesen, mit einem Video zu antworten. Die PDF-Datei wirkte unabhängig vom Inhalt sehr ignorant und als ob die CDU nicht verstanden habe, worum es eigentlich geht. Neben »Rezo« profitierte auch Philipp Amthor von der Aufmerksamkeit und der Neugierde nach dem Antwort-Video.

Übrigens war »Rezo« nicht allein bei der Recherche für dieses Video, er hatte professionelle Hilfe, wie Louisa Dellert verrät: »Beim Rezo-Video« hat Tilo Jung mit Jung&Naiv auch im Hintergrund mitgeholfen, recherchiert und das zusammen aufgebaut.« Das erklärt auch, warum er nach ungefähr 42 Minuten Werbung für den YouTube-Kanal von

Tilo Jung macht.

Weitere Themen des Videos waren Krieg, Atomwaffen und Drohnenangriffe mit Unterstützung von Deutschland. Da dieser Teil an einigen Stellen viel zu unsachlich dargestellt wird, nehme ich in diesem Buch keinen Bezug darauf.

Für ein Interview stand »Rezo« übrigens nicht zur Verfügung.

# Die Urheberrechtsreform - der »Artikel 13«

Bei der Urheberrechtsreform sollten Künstler und Creator, besser gesagt ihre Werke, online besser geschützt und lizensiert werden. Man wollte die Plattformen für Urheberrechtsverletzungen haftbar machen. Es wären nicht mehr die Creator, also die Menschen, die ein Video hochladen, für eine Urheberrechtsverletzung im Video verantwortlich, sondern die Plattform, über die es veröffentlicht wird, wie zum Beispiel Facebook oder YouTube. Mit dieser Reform möchte man die Plattformen, auf denen Inhalte hochgeladen werden verantwortlich machen für Fehler eines einzelnen Creators. Bei Millionen Menschen, die täglich andere Menschen online unterhalten, wäre es unmöglich gewesen, das zu kontrollieren, es sei denn, man greift auf sogenannte »Uploadfilter« zurück, die durch einen Automatismus verhindern sollen, dass Werke, die urheberrechtlich bedenkliche Inhalte enthalten, veröffentlicht werden. Das Problem: Diese Filter sind ziemlich fehleranfällig, was im Umkehrschluss bedeutet, dass die Möglichkeit zur Veröffentlichung der Inhalte erschwert worden wäre, auch wenn vielleicht gar keine Urheberrechtsverletzung vorliegt. Viele Menschen befürchteten besonders eine Zensur bei (politischen) satirischen Inhalten. Tritt diese Reform in dieser Form in Kraft, würde das die Online-Welt nachhaltig verändern, für die Creator (die meist selbst Urheber sind), sowie wie für die Zuschauer - und zwar nicht in positiver Hinsicht. Nicht abzustreiten ist, dass auch einige wenige Künstler davon profitieren würden, was in Relation zu den Folgen einer solchen Urheberrechtsreform dieses Gesetz nicht rechtfertigt, so die Argumentation. Jedoch gibt es auch Stimmen, die davon ausgehen, dass dieses Gesetz das Internet nicht wirklich ändern würde. Der Jurist Artur Wandtke geht zum Beispiel davon aus, dass »sich an der deutschen Rechtslage wegen der bereits bestehenden Verpflichtungen nicht besonders viel ändern würde.«[40]

Einen (ganz bestimmt ungewollten) Effekt hatte der »Artikel 13« jetzt schon. Er sorgte dafür, dass sich viele jugendliche Wähler ziemlich sicher waren, welche Partei sie mit Sicherheit nicht wählen werden, sobald sie das Recht dazu haben. Es war eine Fehleinschätzung der Altparteien, die noch fatale Folgen in Form von fehlenden Wählerstimmen haben wird. Auch wenn es schon ein bisschen her ist, dass die Bundeskanzlerin Angela Merkel das Internet für »Neuland« erklärte, wirkten CDU und SPD so, als wären sie noch immer im Neuland. Es sollte einer dieser Punkte sein, über den abgestimmt wird und über den man vorher nicht viel und hinterher auch nicht viel hört. »Die haben ganz oft überhaupt nicht verstanden, um was es da geht […]«, so Tina Hassel und fasst es gut zusammen. Dabei unterschätzen CDU und SPD, wie schnell so eine Social-Media-Kampagne anläuft und welche Reichweite in kürzester Zeit generiert wird. Spätestens als auf Twitter, einer Plattform, die viele Politiker selbst nutzen, der mit Abstand meist genutzte Hashtag #niemehrCDU war, bekamen auch die Politiker mit, was in der digitalen Welt abging. Weiter ging es dann, mit Tausenden E-Mails[41] an EU-Parlamentarier, die Politiker später als »Bots« von Google bezeichneten.[42] Ein Bot ist ein Computerprogramm, welches automatisch wiederholt Aufgaben erledigt, wie z.B. selbstständig E-Mails zu verschicken. Diese Zuschriften als Bots abzutun brachte besonders der CDU, zusätzlich zu dem ohnehin schon großen

Shitstorm, noch mehr Häme ein, indem skandiert wurde »Wir sind die Bots« oder Protestschilder mit demselben Satz getragen wurden.

Es war das erste Mal, dass die Generation Z gegen die Europäische Union, genauer gesagt gegen das EU-Parlament, in großem Stil aufbegehrte. Mehr als hunderttausend Menschen demonstrierten und besuchten politische Veranstaltungen. Nach und nach schafften es die Initiatoren, ihr Anliegen aus der digitalen Welt in die traditionellen Medien zu bringen. Viele Menschen waren überrascht, wie gut sich auch YouTuber, namentlich Felix von der Laden, gegenüber Politkern behaupten konnten und ihre Positionen klar zu Wort brachten. In der Talkshow »Maybrit Illner« diskutierte er besonders scharf mit dem Generalsekretär der CDU, Paul Ziemiak, und konnte ihn teilweise in die Ecke drängen. Jedoch stellte auch Herr Ziemiak ebenfalls unter Beweis, dass er sicher in der Faktenlage ist und versuchte Lösungsansätze zu präsentieren: »[...] Mir war es wichtig, dass wir Upload-Filter verhindern und ich habe deshalb sehr schnell die verantwortlichen Poltiker in der CDU zusammengeholt und wir haben gemeinsam in einer Arbeitsgruppe eine gute Lösung entwickelt, wie wir im Einklang mit europäischen Recht Upload-Filter in Deutschland verhindern können. Jetzt ist die Regierung am Zug genau das umzusetzen.« Ich hatte das Gefühl, dass man die ganze Szene unterschätzte und erst seit diesen Protesten wirklich verstanden hat, dass es nicht nur die typischen Gamer und »Zocker« sind, wie man sie sich eben vorstellt, sondern dass sie auch mit politischem und gesellschaftlichem Engagement viel bewegen können.

Das Demonstrationsrecht ist ein Grundrecht in Deutschland,

welches offensichtlich auch von der Generation Z nicht selten in Anspruch genommen wird. Wenn sich viele Teilnehmer finden, können die Bürger auch außerhalb der Wahlen bestimmte Themen auf die Tagesordnung setzen, so wie es sein sollte. Die Generation weiß dies zu nutzen und stellt in wenigen Tagen Großdemos auf die Beine. Natürlich ist es heute einfacher solche zu organisieren, da die Abstimmung per Messenger App und Social Media um ein Vielfaches vereinfacht wurde. Es zeigt sehr gut, dass das, was in der digitalen Welt geschieht, durchaus für die analoge Welt relevant ist und dass die Generation das Gegenteil von desinteressiert ist. Im Gegensatz zu »Fridays for Future« war so gut wie jeder betroffen, der ein Smartphone besitzt und das Internet nutzt. Es hätte direkte (negative) Auswirkungen auf den allergrößten Teil der Generation Z gehabt. Die CDU und SPD drohen somit eine ganze Generation zu verlieren, wenn sie sich nicht etwas einfallen lassen. Besonders nach außen hin gab die Partei ein schlechtes Bild ab. Fairerweise muss man der Bundesregierung jetzt aber auch die Chance geben das Gesetz so umzusetzen, dass keine Zensur stattfindet und dies auch so kommunizieren und erklären.

Paul Ziemiak sagte dazu im Interview: »Jetzt ist die Regierung am Zug genau das umzusetzen. Die Verantwortung liegt hier beim Justizministerium.« Lars Klingbeil, Generalsekretär der SPD dazu: »Jetzt ist in der Tat das Bundesjustizministerium dafür zuständig, diese Richtlinie, die mit den Stimmen der CDU beschlossen wurde, in Deutschland umzusetzen. Das muss bis Mitte 2021 passieren und wir haben ganz klar gesagt, dass die Kritiker von »Artikel 13« eingebunden werden müssen.« Beide sagen zu, dass es keine Uploadfilter geben wird, entscheiden wird sich dies spätestens, wenn die

Umsetzungsfrist am 7. Juni 2021 endet.

# »Fridays for Future«

»Fridays for Future« - eine Organisation die wahrscheinlich wie keine andere für die politische Generation Z steht. Die Protestbewegung setzt sich für eine saubere Umwelt und für mehr Klimaschutz ein. Das wohl bekannteste Gesicht der Bewegung ist die schwedische Schülerin Greta Thunberg. Sie hat sich anfangs allein vor das schwedische Parlament gestellt und schwänzte (»streikte«) Schule, um ihren Protest zum Ausdruck zu bringen. Kritik gab es auch ohne inhaltliche Auseinandersetzung genug, weil sie der Schule fernblieb. Als auch in Deutschland immer mehr Schüler freitags die Schule schwänzten, um für das Klima zu protestieren, hagelte es Kritik von allen Seiten, vor allem von Politikern und Journalisten. Doch es gab auch Lob von einigen Parteien, besonders von der SPD und den Grünen. Der CSU-Bildungspolitiker Gerhard Waschler kritisierte dies und meinte mit Blick auf Grüne und SPD: »Es ist anbiedernd und gleichzeitig politisch kurzsichtig, wenn diese Parteien das Schulschwänzen für scheinbar politisch korrekte Ziele erlauben. Was würden diese Parteien denn machen, wenn Schüler während der Schulzeit für eine AfD-Veranstaltung schwänzen?«[43] Er weist darauf hin, dass diese Parteien die Proteste gutheißen, weil es in ihren Augen für einen guten Zweck ist und ihre politische Weltanschauung unterstützt. Die Frage halte ich auf jeden Fall für berechtigt, denn die Entscheidung über die Wichtigkeit eines politischen Themas darf nicht von der Behörde, der Schulleitung oder Lehrern getroffen werden, entweder erlaubt bzw. toleriert man Proteste während der Schulzeit oder man untersagt diese. Das muss auch für Proteste gelten, die z.B.

gegen eine Abschaltung der Atomkraftwerke sind oder eine längere Laufzeit von Kohlekraftwerken fordern.

Dennoch darf auch nicht unterschlagen werden, dass das lange von der Politik geforderte, »politische Engagement der jungen Menschen« real existiert. Wenn Tausende oder Hunderttausende Schüler für ein Thema auf die Straße gehen, um sich für ein bestimmtes politisches oder gesellschaftliches Thema einzusetzen, ist dies definitiv ernst zu nehmen. Das »Klimathema« ist keineswegs ein Thema, was jetzt erst aufkommt, schon vor Jahren beschäftigte sich die »Klimakanzlerin« Angela Merkel mit dem Problem der globalen Erderwärmung. Allerdings verblasste die Dringlichkeit der Erderwärmung in den letzten Jahren immer mehr in der Öffentlichkeit, bevor »Fridays for Future« kam, neu war der geforderte Klimaschutz aber nicht. Robin Alexander fasst es gut zusammen: »Den Klimawandel gab es vorher, den Beschluss zum Kohleausstieg gab es vorher, dann gab es ein Klimapaket, das sicher auch durch die Demonstrationen getriggert war. Es ist aber so, die bringen kein Thema, was die Politik nicht will. Die fordern ja eigentlich die Politik auf, sich mehr daran zu halten, was sie selbst propagiert. Das ist ja ein sehr relativer Protest.« Die Organisation polarisiert Massen und bringt diese auf die Straßen, dabei spielen verschiedene Faktoren eine Rolle - die Eltern, die Schulen und Lehrer, die Medien und natürlich die Schüler/Studenten selbst. Viele Eltern finden es gut, dass ihre Kinder sich politisch engagieren und unterstützen dieses Thema, die Schulen und Lehrer freuen sich ebenfalls über ihre politischen Schüler. Zudem unterstützen viele Lehrer dieses Anliegen und diese Einstellung. Die Medien schenken den Schülern viel Aufmerksamkeit und setzen das Thema auf die Tagesordnung der Politik und befeuern die Diskussion innerhalb der Bevölkerung. Tina Hassel stellt es so dar: »[…] das ist eine sehr beeindruckende Masse. Da kann man nicht so einfach dran vorbei gucken. Wenn Sie hier aus dem Fenster schauen - die waren überall, vor allen Ministerien, vor allen Parteizentralen, vor allen Abgeordnetenbüros. Übersehen kann man so eine Masse nicht.« Ein klares Statement, warum den Protestierenden so viel mediale Aufmerksamkeit geschenkt wird. Die größte Rolle spielen jedoch die Schüler und Studenten selbst, denn sie machen es überhaupt möglich, dass über sie berichtet wird. Dass so viele junge Menschen sich beteiligen hat verschiedene Gründe. Zum einen ist das Thema sehr naheliegend, denn es ist auf jeden Fall eine Frage, mit der man sich beschäftigen muss und die Jugendlichen und Kinder von heute könnten die ersten Leidtragenden der Erderwärmung sein, so wirkt es wie selbstverständlich, dass die potentiellen »Betroffenen« sich für eine andere Politik einsetzen. Anfangs wurde oft die Frage gestellt: »Wie viele Jugendliche würden protestieren, wenn der Protest außerhalb der Schulzeit stattfinden würde?« Mittlerweile stellt niemand mehr diese Frage, weil man sich nicht dem Vorwurf aussetzen möchte, dass man sich gar nicht inhaltlich mit der Bewegung auseinandersetzt, obwohl sich das nicht unbedingt widerspricht. Jedenfalls ist es ohne Zweifel so, dass erheblich weniger Jugendliche bei »Fridays for Future« demonstrieren gehen würden, wenn man den Protest zum Beispiel auf einen Sonntag oder einen Nachmittag unter der Woche legen würde. Das mögen viele Menschen (und Unterstützer dieser Proteste) abstreiten, jedoch sollte man sich mal umhören, warum viele wirklich auf die Demo gehen. Aus eigenen Gesprächen weiß ich, dass einige sagen: »Na klar gehe ich nur dahin, weil ich dann nicht beim Unterricht mitmachen muss.« Um zu erfahren, inwiefern man sich mit den Inhalten auseinandersetzt, lohnt sich ein kurzes Gespräch über das Anliegen. Wenn auf die Frage: »Wofür demonstriert ihr denn?« die Antwort lautet: »Gegen das Klima!«, scheint irgendwas missverstanden worden zu sein. Wenn auf die zweite Frage: »Was fordert ihr denn genau?« die Antwort lautet: »Eine bessere Umwelt.« ist das Thema an sich wohl nicht der einzige Grund für den Protest. Ein gutes Beispiel dafür sind die Teilnehmerzahlen während der Ferien. Natürlich sind einige im (hoffentlich umweltfreundlichen) Urlaub und können selbstverständlich nicht an den Protesten teilnehmen, jedoch überraschten mich die tatsächlichen Zahlen. In Frankfurt waren vor den Sommerferien 2019 noch 4500 Teilnehmer auf der Straße, in den Ferien zählte man 100, in Berlin statt 10.000-15.000, nur noch 2.000 Teilnehmer und das, obwohl Greta Thunberg mit demonstrierte.[44] Ein weiterer Erfolgsfaktor sind die Kommunikationsmöglichkeiten der heutigen Zeit. Auch wenn es wohl ab und zu kompliziert ist, sich national zu verständigen, ermöglichen Dienste wie »What´sApp«, »Instagram« und »Twitter« unglaubliche Möglichkeiten zur Verbreitung der Botschaften. Ebenfalls nicht zu schmälern ist die Leistung der Organisatoren, die wöchentlich in unzähligen Städten Demonstrationen organisieren, die meist ohne Zwischenfälle verlaufen.

1,4 Millionen Teilnehmer bei einer Demonstration - zumindest deutschlandweit, das sind enorme Zahlen und wirkt wirklich wie eine ganze Generation.[45] Doch so groß die Zahl erstmal auch klingt, selbst wenn alle Teilnehmer Teil der Generation Z wären, würden diese nicht einmal 10% der gesamten Generation ausmachen. Klaus Hurrelmann bestätigt dies:

»Wir schätzen so aufgrund von Untersuchungen, dass sich etwa fünf Prozent der jungen Generation, also insbesondere sagen wir der 12- bis 25-Jährigen sehr stark politisch für Umweltfragen interessieren und auch in irgendeiner Weise sich regelmäßig oder gelegentlich an Aktivitäten von ›Fridays for Future‹ beteiligen.« Das heißt, dass sich einer von zwanzig Mitgliedern der Generation Z engagiert. Trotzdem wird eine ganze Generation als »Generation Greta« oder die »Klima-Generation« bezeichnet und nicht differenziert betrachtet. Die Aussagen sind schlichtweg falsch. Natürlich treten die einen eher in den Vordergrund als die anderen, jedoch rechtfertigt das nicht, eine ganze Generation gleichzusetzen. Auch die Berichterstattung sieht in dieser Weise ziemlich einseitig aus - ohne Frage ist »Fridays for Future« eine Bewegung, die einen Teil der Generation Z abbildet, doch über Monate so zu berichten, als gäbe es nur das Klimathema ist nicht ausgewogen. Denn es gibt auch (junge) Menschen, die sich mit anderen Themen und Problemen beschäftigen. Klaus Hurrelmann stellt hier fest: »Das hängt ganz klar mit dem Bildungsgrad und der sozialen Position zusammen. Wer aus einem gutbürgerlichen Elternhaus kommt, wo viel über Politik gesprochen wird, einem Elternhaus, dem es auch wirtschaftlich gut geht, der ist besonders engagiert.« Es ist nicht so, als ob es in der Generation selbst keine anderen Themen gibt, Herr Hurrelmann erzählt weiter: »Die jungen Leute, denen es nicht so gut geht, sind ein bisschen zurückhaltender. Die finden das Thema auch wichtig, aber viel drängender ist für sie: ›Finde ich eine Lehrstelle?‹, ›Wie ist mein Abschluss und bekomme ich damit noch den Studienplatz, den ich mir wünsche?‹«. Ich bin etwas überrascht, dass aus dieser Perspektive kaum berichtet wird und wurde, denn es gibt auch noch viele

Jugendliche, die sich mit existenziellen Fragen, wie einem zukünftigen Arbeitsplatz, beschäftigen müssen. Und auch diese Fragen sind wichtig und müssen gehört sowie gelöst werden.

Inhaltlich sind sich fast alle einig - es muss etwas getan werden, »das ist auch so ein Ding, man macht eine Demonstration, die Lehrer sind dafür, die Eltern sind dafür, die Politiker sind dafür, die Journalisten sind dafür«, so Robin Alexander. Doch über den Weg zum Ziel ist man sich keinesfalls einig. »Wir haben in Deutschland im internationalen Vergleich natürlich eine Energiewende, die ambitioniert ist, das ist Fakt. Die Frage, ob das alles super sinnvoll eingetütet wurde, darüber kann man streiten«, meint Robin Alexander. Damit wären wir beim ersten Problem, der Energieversorgung. Über die Energiewende könnte man ein eigenes Buch schreiben, umstritten ist sie allemal und kaum jemand ist zufrieden. Die einen fordern den Kohleausstieg bis 2030, die anderen finden den Kohleausstieg viel zu früh und wieder andere wollen vorerst überhaupt nicht aus der Kohlekraft aussteigen. Der »Kohle-Kompromiss« verhalf hier auch nicht zum Durchbruch. Die Frage, die bei den Forderungen von »Fridays for Future« jedoch gerne vergessen oder ignoriert wird, ist die Frage der Finanzierung. Denn die Energiewende ist nicht gerade günstig.

Hier einmal die Forderungen[46] der Bewegung im Überblick, aufgestellt 2019:

I. Nettonull 2035 erreichen

II. Kohleausstieg bis 2030

III. 100% erneuerbare Energieversorgung bis 2035

IV. Das Ende der Subventionen für fossile Energieträger

V. 1/4 der Kohlekraft abschalten

VI. Eine CO2-Steuer auf alle Treibhausgasemissionen. Der Preis für den Ausstoß von Treibhausgasen muss schnell so hoch werden wie die Kosten, die dadurch uns und zukünftigen Generationen entstehen. Laut UBA sind das 180€ pro Tonne CO2

Punkt 1 und 3 sind ziemlich ähnliche Ziele, deswegen behandeln wir diese Punkte zusammen. Die »Nettonull« bedeutet, dass der Staat klimaneutral ist, also keine Treibhausgase wie CO2, Methan oder Stickoxid mehr ausstößt. Um dieses Ziel zu erreichen, spielen mehrere Faktoren eine Rolle, zu allererst natürlich der Verkehr. Wenn man die Nettonull erreichen möchte, dürfen ab 2050 keine Fahrzeuge mehr auf deutschen Straßen fahren die Emissionen ausstoßen. Nach aktueller Lage würde dies bedeuten, dass ab 2050 vor allem Elektro-Autos die deutschen Straßen befahren. Damit aber die »Nettonull« gegeben ist, muss auch der Strom klimaneutral produziert worden sein und als wäre das nicht genug, muss genauso das Auto klimaneutral hergestellt werden, zumindest wenn man konsequent ist und über Ländergrenzen hinweg denkt. Gerade die Herstellung der »Lithium-Akkus« ist meist sehr energieintensiv. Nicht zu vernachlässigen sind weitere Faktoren, wie z.B. die Zukunftsfähigkeit der »Lithium-Akkus«. Für die Herstellung einer Tonne Lithiumsalz werden aktuell zwei Millionen Liter Wasser benötigt.[47] Das führt in betroffenen Regionen zum Absinken des Grundwasserspiegels und wird früher oder später zum Problem für die dort ansässige Bevölkerung werden. Die Salzseen liegen meist in ohnehin trockenen Regionen und lösen durch die Absenkung des Wasserspiegels ein Pflanzensterben aus, weil nicht genügend Wasser verfügbar ist. Auch Kobalt, ein wichtiger Stoff für die Herstellung der Akkus, schadet der Umwelt, zudem werden die Arbeitsbedingungen in den dortigen Minen als miserabel eingeschätzt. Kinderarbeit sind in den Kobalt-Minen keine Seltenheit und das führt zu einer Frage, der man sich stellen muss: Wollen wir die Nettonull um jeden Preis erreichen? Sogar indem wir Kinderarbeit und die weitere Verschmutzung und Zerstörung der Umwelt dulden? Denn auch die Förderung von Kobalt kann schwerwiegende Folgen für die Umwelt haben, Kobalt in Verbindung mit Sauerstoff und Wasser kann zur Bildung von Schwefelsäure führen, was ganze Flüsse, Seen und das Grundwasser verunreinigen oder sogar vergiften kann.[48] Ist die Technologie also schon im Stande die Nettonull in den nächsten 15 Jahren zu erreichen und ist dies moralisch vertretbar?

Ein weiteres Problem ist die Reichweite von E-Autos, welche weit hinter der eines Verbrenners liegt. Für lange Trips kommen Elektroautos nur für die Menschen in Frage, die in Kauf nehmen wollen, dass sie mehrmals längere Pausen einlegen müssen, um zu laden.

Zudem spielen Wetterbedingungen bei Elektro-Autos in Sachen Reichweite und nicht nur beim Fahrgefühl eine Rolle. So sorgen kalte Temperaturen in der Nacht auch schon einmal dafür, dass sich die Reichweite verringert. Keines der vom ADAC getesteten E-Autos, hat eine Reichweite von über 500 Kilometern, auch nicht die Modelle von Tesla, wie das Model X oder Model 3.[49] Man wird die Reichweite sicher in den nächsten Jahren optimieren können, doch ob man an die Reichweite der Benziner herankommt ist fraglich. Und nicht zu vergessen ist, dass es gerade bei langen Fahrten nicht nur heißt, das Auto einmal voll zu tanken, sondern auch noch zu warten, bis das Auto wieder aufgeladen ist.

Doch mit den Autos nicht genug - Gebäude müssen saniert und renoviert werden, denn Ölheizungen sind auch nicht emissionsfrei, die Zukunft der Kamine ist ebenfalls ungewiss. Wenn man die Nettonull erreichen möchte, dürfen auch durch Kamine keine Emissionen mehr entstehen. So ein Umbau bzw. Austausch könnte sehr kostenintensiv werden. Ich glaube aber, dass der Schlüssel nicht nur in der Art der Versorgung liegt, sondern im Bedarf, denn reduziert man diesen, wird auch weniger Energie benötigt. Das bedeutet nicht Verzicht, sondern Innovation. Man muss neue Geräte und Gebäude darauf auslegen, dass sie möglichst wenig Energie verbrauchen und keine Energie unnötig verloren geht. Um die Nettonull zu erreichen, muss auch die Industrie klimaneutral produzieren. Natürlich kann man hier mit Richtlinien und Verboten arbeiten, doch sinnvoller wäre es, die Unternehmen mitzunehmen und von der klimafreundlichen Produktion zu überzeugen, allein die Stimmung bei vielen Menschen in der Bevölkerung könnte ein Faktor dabei sein.

In Punkt 2 fordert »Fridays for Future« den Kohleausstieg bis 2030. Erst vor kurzem beschloss die Bundesregierung diesen bis 2038, das wohl realistischere Ziel. Denn nicht zu vergessen ist, dass die erneuerbaren Energieträger heute erst knapp über 40% der deutschen Energieversorgung ausmachen, während konventionelle Energieträger für fast 60% der Versorgung verantwortlich sind.[50] Wie ambitioniert der Kohleausstieg bis 2030 schon ist, verdeutlicht diese Aussage der Umweltministerin Svenja Schulze: »Wir brauchen 65

Prozent Erneuerbare - mindestens - in 2030. Dafür müssen wir jetzt die richtigen Rahmenbedingungen schaffen. Das ist die Aufgabe der nächsten Tage und Wochen.«[51] Bis 2030 sollen die erneuerbaren Energien rund 65 Prozent der gesamten Energieversorgung ausmachen und das obwohl diese laut »Fridays for Future« 2030 fast die ganze Energieversorgung übernehmen sollen. Klar ist, der Strom wird gebraucht und die erneuerbaren Energieträger sind heute noch nicht in der Lage diesen zu stemmen. Schaltet man die Kraftwerke frühzeitig ab, so wäre der Bedarf höchstwahrscheinlich nicht gedeckt. Die einzige Möglichkeit wäre dann, die fehlende Energie im Ausland zu kaufen, wo der Strom aber oft nicht so umweltfreundlich gewonnen wird, wie in Deutschland. Der Kohleausstieg bis 2030 ist ziemlich unrealistisch, wenn man bedenkt, welche Ressourcen aktuell zur Verfügung stehen.

Punkt 4 ist das Ende der Subventionen für fossile Energieträger. Generell stimme ich dieser Forderung zu. Gerade die Unternehmen, die Gewinne mit der Energieerzeugung aus fossilen Energieträgern erzielen, sollten dafür sorgen, dass ihr Geschäft rentabel ist. In einigen Branchen, wie der Landwirtschaft und dem Wohnungswesen, könnte man auf eine Streichung der Subventionen verzichten, in anderen Branchen, wie z.B. dem Flugverkehr sollten sich die Unternehmen selbst tragen können. Das würde nicht nur umweltfreundliche Alternativen fördern, es würde auch viele Milliarden Euro sparen. 2012 betrugen die Subventionen laut Umwelt-Bundesamt 57 Milliarden Euro jährlich, 2017 sollen sie laut »Greenpeace« immerhin noch 46 Milliarden Euro betragen haben.[52] Das ist Geld, welches dem Staat und den Bürgern jährlich mehr zur Verfügung stehen würde.

Punkt 5 - ein Viertel der Kohlekraft abzuschalten, damit ist wahrscheinlich die sofortige Abschaltung von jedem vierten Kohlekraftwerk gemeint, ist mittlerweile schon nicht mehr aktuell. Die Forderungen wurden im Jahr 2019 aufgestellt und waren bis Ende des Jahres terminiert. Natürlich könnte man die Kraftwerke immer noch abschalten, jedoch scheint es nach dem beschlossenen »Kohlekompromiss« relativ unwahrscheinlich, zumal es bisher noch nicht passiert ist und es keine Anzeichen für ein Umdenken seitens der Bundesregierung gibt.

Punkt 6 - »Eine $CO_2$-Steuer auf alle Treibhausgasemissionen. Der Preis für den Ausstoß von Treibhausgasen muss schnell so hoch werden wie die Kosten, die dadurch uns und zukünftigen Generationen entstehen. Laut UBA sind das 180€ pro Tonne $CO_2$«, so »Fridays for Future«. Die Bundesregierung beschloss dazu etwas anderes: Die Steuern auf $CO_2$ steigen ab 2021 auf 25€ pro Tonne, ab 2025 auf 55€ pro Tonne. Laut »AUTOBILD« wären das Erhöhungen von sieben bis acht Cent bzw. 15 bis 20 Cent auf jeden Liter Diesel oder Benzin. Ab 2026 soll sich der Preis dann selbst bilden und durch das Zusammenspiel von Angebot und Nachfrage bestimmt werden.[53] Die Aktivisten fordern zwar eigentlich, dass der Preis mehr als siebenmal so hoch ist, jedoch sollte die Erhöhung überhaupt zumindest ein kleiner Erfolg sein. Die Erhöhung erfolgt nun schrittweise und das Preisniveau wird nach und nach steigen. Das ist so deutlich sinnvoller, da die Preise u.a. für Benzin und Diesel nicht auf einmal in die Höhe schnellen und es fällt nicht so schnell auf, welches Preisniveau man in wenigen Jahren erreicht. Wenn man sich in 5 Jahren die Preise von heute ansieht, wird eine erhebliche Steigerung zu verzeichnen sein. Zudem kann man sich an stetig steigende Benzin- und Dieselpreise gewöhnen. Ebenfalls sinnvoll ist es, weil man den Menschen so genug Zeit gibt, sich nach einer Alternative umzuschauen. Man sollte die Preisbildung dem Markt jedoch nur so lange überlassen, bis ein gewisses, immer noch bezahlbares, Niveau erreicht ist, denn das Ziel kann nicht sein, die Menschen dazu zu bringen umzusteigen, weil die Preise ins Unbezahlbare steigen. Nicht zu vergessen ist nämlich, dass viele Menschen auf ihr Auto angewiesen sind. Sozial ungerecht wird es sofort, wenn man ab 2021 die Preise erhöht und umso höher der Preis steigt, desto höher die Ungerechtigkeit, weil sich nicht jeder 20 Cent mehr (oder noch höhere Preise) pro Liter Benzin oder Diesel leisten kann.

Das ist ein generelles Problem, wenn man versucht ausschließlich etwas über einen gesteuerten Preis zu regeln. Hier benachteiligt man ganz klar die finanziell schwächer Aufgestellten. Gerade aus dem linken Lager wird immer wieder die (große) Schere zwischen »arm« und »reich« angeprangert, doch genau diese Menschen leiden unter überteuerten Benzinpreisen und meistens sind es nicht die Menschen, die für die vielen $CO_2$-Emissionen sorgen. Hier muss man aufpassen, dass man die Schere nicht noch weiter öffnet. Das wäre jetzt vielleicht ein Argument für Verbote, doch sind diese wirklich die Lösung? Nein. Das Verbot an sich löst das eine Problem, führt aber in den meisten Fällen zum nächsten Problem. Sollte man Benziner und Dieselfahrzeuge verbieten, würden die meisten Menschen, die es sich leisten können, zu einem Elektro-Fahrzeug greifen. Doch es würde zum einem zu einem enormen Lithium- und Kobaltbedarf, zu überfüllten Ladestationen und schlecht gelaunten Langstreckenfahrern führen. Zum anderen können sich viele Menschen kein Elektro-Auto und somit gar kein Auto mehr leisten. Wenn der Staat etwas verbietet, muss er echte Alternativen anbieten können, ansonsten funktioniert das Werkzeug »Verbot« nicht. Generell ist es besser, den Markt und die Konsumenten entscheiden zu lassen, was sie für richtig halten. Durch angemessene Subventionen lässt sich der Markt in Maßen beeinflussen - ein legitimes Mittel, das auch verwendet wird, um fossile Energieträger rentabel zu machen.

»Fridays for Future«. Ein Phänomen, das viele Menschen beeindruckt hat, vor allem Politiker und Journalisten:

»Also ich sage jetzt mal, das ist eine sehr beeindruckende Masse. Da kann man nicht so einfach dran vorbei gucken. Wenn sie hier aus dem Fenster schauen - die waren überall, vor allen Ministerien, vor allen Parteizentralen, vor allen Abgeordnetenbüros. Übersehen kann man so eine Masse nicht. […]«, so Tina Hassel, Leiterin des ARD-Hauptstadtstudios.

»Ich finde es super, wenn junge Menschen sich engagieren – ich habe ja wie schon gesagt selbst mit 14 damit angefangen. Je mehr Leute sich engagieren, desto besser. Man kann nicht immer beklagen, junge Menschen engagierten sich nicht und wenn sie es dann machen, sagt man: ›Das ist aber das falsche Thema.‹ Da müssen wir mit klarkommen als Politiker.«, so Konstantin Kuhle von der FDP.

»Ich glaube, dass die Bewegung tatsächlich einen ganz großen Teil der Generation politisiert hat und gezeigt hat, dass man auch als junger Mensch Einfluss nehmen kann. […], so Eva Schulz, Host von »Deutschland3000«.

Das Thema war auch vorher schon bekannt, ja. Jedoch war es

lange nicht so präsent in Medien und Politik, wie es heute ist. Auch die organisatorische Leistung, wöchentlich Großdemos ohne Zwischenfälle zu arrangieren, ist bemerkenswert sowie die Kontinuität, mit der die Aktivisten die Demos besuchen ist außergewöhnlich. Die Initiatoren haben erkannt, wie man die Schüler auf die Straße holt - das Thema ist passend, naheliegend und in (fast) jedem Fall besser als Schule.

Ein Aspekt, der jedoch gerne vergessen wird - Deutschland allein kann die Erderwärmung nicht stoppen. Und um die Relevanz auf der poltischen Weltbühne zu halten, braucht Deutschland eben eine starke und moderne Wirtschaft. Und nur durch diese Relevanz auf der Weltbühne hat Deutschland Einfluss auf weitere Länder, die maßgeblich zu der Erderwärmung beitragen. Das heißt, dass es nicht unbedingt sinnvoll ist, alles auf die »grüne Karte« zu setzen, wenn man die Erwärmung der Erde aufhalten oder verlangsamen möchte, nicht einmal, wenn es der politischen Weltanschauung nach das Wichtigste ist, was es überhaupt gibt. Denn die Wirtschaft macht Deutschland zu einem Faktor in der internationalen Politik. So kann Deutschland Einfluss auf die wirklich wichtigen Nationen nehmen. Hier muss man aufpassen, dass man den Bogen nicht überspannt und damit dafür sorgt, dass internationale Unternehmen mit vielen Arbeitnehmern aus Deutschland abwandern und dann zum einen die Mittel fehlen, die erneuerbaren Energien weiter auszubauen und zum anderen der Einfluss auf internationale Energiepolitik verloren geht.

Die Organisation »Fridays for Future« war und ist sicherlich wichtig, um die Politik daran zu erinnern etwas zu tun. Doch aktiv mitgestalten will »Fridays for Future« bzw. wollen einzelne Personen wohl nicht. Luisa Neubauer hatte Anfang des Jahres die Chance, einen Posten im Aufsichtsrat von »Siemens Energy« zu erhalten, mit dem sie über Projekte von »Siemens Energy« mitentscheiden kann und sich gegen umweltschädliche Projekte stark machen und noch wichtiger: abstimmen kann. Es war ein kluger Schachzug von Joe Kaeser Luisa Neubauer diesen Posten anzubieten. Denn tritt sie nicht dem Aufsichtsrat bei, kann Kaeser Neubauer vorwerfen, sie wolle nicht aktiv mitgestalten. Wäre sie beigetreten, könnte sie zwar mitgestalten, würde sich aber massiver Kritik aus den eigenen Reihen aussetzen. Ihr Vorschlag, den Posten an einen Experten abzugeben, lehnte Joe Kaeser ab. Mit dieser Begründung lehnte Luisa Neubauer den Posten im Aufsichtsrat ab: »Mit dem Posten wäre ich den Interessen des Unternehmens verpflichtet und könnte Siemens dann nicht mehr unabhängig kommentieren. Das ist nicht mit meiner Rolle als Klimaaktivistin zu vereinbaren.«[54] Ein Posten im Aufsichtsrat verbietet ihr jedoch nicht, ihre Meinung zu äußern, außer sie lässt sich durch den Posten beeinflussen. Nimmt die Organisation nicht die Chancen wahr, aktiv mitzugestalten, bleiben sie eine reine Protestbewegung, die ausschließlich kritisiert und (nicht selten unrealistische) Forderungen aufstellt.

Um den gewünschten Erfolg herbeizuführen, bedarf es einer internationalen Zusammenarbeit. Dafür muss man aber auch verstehen, dass es viele Menschen gibt, die kein fließendes Wasser, keinen Strom und jeden Tag etwas Warmes zu essen haben. Diesen Menschen stellt sich die existenzielle Frage jeden Tag. Da spielt die Erderwärmung für viele Menschen eine untergeordnete Rolle. Die Herausforderung wird es sein, auch diese Menschen mitzunehmen und von einem umweltbewussteren Leben zu überzeugen. Es wird spannend werden, wie man dieses Problem angeht und in welchem Zeitrahmen dies geschieht.

Das politische Engagement der Schüler bei »Fridays for Future« wird weiter anhalten, vorerst zumindest. Die Ausdauer der Organisation ist beeindruckend. Nur das »Corona-Virus« brachte die Organisation dazu, während der Schulzeit die Proteste, zumindest in der realen Welt, zu unterbrechen. Der Online-Protest in den sozialen Medien, soll den realen Protest wohl ersetzen. Spannend wird es, wenn die »Corona-Krise« vorüber ist und der Protest wieder anläuft. Wie lange werden die Proteste noch anhalten und werden diese weiterhin die Wirkungskraft wie zuvor haben? Das hängt davon ab, wie zahlreich die Teilnehmer zu den Protesten erscheinen und wie die Pressevertreter darauf reagieren.

Ein Interview mit einer Aktivistin von »Fridays for Future« war angefragt, kam jedoch nicht zu Stande. Allerdings beantwortete man mir diese fünf Fragen schriftlich:

Leonard Geßner: *Wie realistisch schätzen Sie Ihre Forderungen an die Bundesregierung ein?*

Fridays for Future: Die Forderungen der Bundesregierung schätzen wir von Fridays for Future als sehr realistisch ein. Mit dem nötigen Willen der Politik ist es durchaus machbar, den Kohleausstieg bis 2030 zu verwirklichen sowie das 1,5 Grad Ziel einzuhalten. Auch alle anderen Ziele sind realistisch, wenn die Politik schneller handeln würde. Dass es der Politik möglich ist, solche großen Maßnahmen umzusetzen, zeigt sich grade deutlich in der Corona-Kriese.

Leonard Geßner: *Wie bewerten Sie die aktuellen Maßnahmen*

*der Bundesregierung?*

Fridays for Future: Die aktuellen Maßnahmen und das „Klimapaket" der Bundesregierung sehen wir als völlig unzureichend an. Allein die CO2-Bepreisung, die von der Bundesregierung 2021 in Kraft treten soll, soll bloß zehn Euro pro Tonne kosten. Um das 1,5 Grad Ziel jedoch einzuhalten, fordert Fridays for Future einen Preis von 180 Euro pro Tonne. Diese sowie weitere Maßnahmen sind unzureichend, um den Klimawandel zu stoppen. Es müssen drastischere Ziele gesetzt werden und es muss schneller gehandelt werden. Die Bundesregierung handelt immer noch, als wäre diese Situation keine Krise.

Leonard Geßner: *Woher kommt die breite Unterstützung aus der Gesellschaft?*

Fridays for Future: Die breite Unterstützung aus der Gesellschaft kommt daher, dass Fridays for Future alle Gesellschaftsgruppen einschließt. Aus der großen Bewegung haben sich daraus weitere, wie zum Beispiel Parents for Future oder Scientists for Future gegründet. Außerdem legt Fridays for Future großen Wert darauf, sich keiner politischen Richtung oder Partei anzuschließen, was viele Menschen zusammenkommen lässt. Außerdem betrifft die Problematik der Klimakriese jeden einzelnen Menschen.

Leonard Geßner: *Welchen Unterscheid würde es machen, wenn Sie am Wochenende oder nachmittags demonstrieren würden?*

Fridays for Future: Große Diskussionen über Fridays for Future werden immer noch über das Thema des Schulschwänzens geführt. Die meisten der Demonstrationen finden Freitagvormittags statt, was viele zu dem Schluss führt, dass die Bewegung nur eine Gruppe aus Schulschwänzern ist. Was sich bei den Demonstrationen am Freitag jedoch gezeigt hat ist, dass Fridays for Future so die Aufmerksamkeit der Politik und Medien bekommt und Menschen dazu bringt, über die Bewegung und die Problematik zu diskutieren. Wenn diese Demonstrationen also am Nachmittag oder am Wochenende stattfinden würde, würde dies einen Großteil der Aufmerksamkeit verlieren, sowie das Merkmal des Streiks. Die Politik würde es vermutlich nicht mehr so dringend wahrnehmen und sich noch mehr Zeit lassen, die wir allerdings nicht mehr haben.

Leonard Geßner: *Wie sieht die Zukunft für Fridays for Future aus?*

Fridays for Future: Die Zukunft von Fridays for Future hängt von dem Handeln der Bundesregierung ab. Wenn die Politik endlich die nötigen Maßnahmen ergreift und wir sehen können, dass diese ausreichen, um die Klimakrise zu stoppen, dann wird die Bewegung auch keinen Druck mehr ausüben müssen. Momentan handelt die Politik allerdings nicht ausreichend, weshalb Fridays for Future bereits weitere Großdemonstationen und andere Veranstaltungen geplant hat. Auch wenn viele Demonstrationen wegen der Corona-Krise abgesagt werden müssen, wird die Bewegung weitergehen, bis die Ziele von Fridays for Future erreicht werden.

Die Fragen wurden mir per Mail beantwortet am 25.03.2020.

# »Lügenpresse«

»Lügenpresse« - Eine Parole, die immer wieder skandiert wird und immer mehr Menschen zu der Annahme verleitet, dass die Presse falsche Tatsachen verbreitet. Doch ist das wirklich so? Die einen lesen den »SPIEGEL« lieber als die »FAZ« oder »DIE WELT« und sicher ist es so, dass man den verschiedenen Zeitungen und Magazinen eine politische Richtung zuordnen kann. Dies gehört zur Vielfalt der Medienlandschaft, solange alle demokratischen »Richtungen« einen Platz in dieser haben. Die nötige Objektivität und Distanz sollte trotzdem immer (!) gegeben sein - denn wenn man sich bei Kritikern der einzelnen Magazine und Zeitungen umhört, wird die fehlende Objektivität oft bemängelt. Doch ganz nüchtern betrachtet, ist objektiver Journalismus kaum möglich. Da jeder Mensch, dazu gehören natürlich auch Journalisten, seine eigene Meinung hat. Möglicherweise unbewusst schwingt eine gewisse Subjektivität mit. Fakten sind und sollten für alle die gleichen sein. Jedoch kann man gewisse Fakten als »irrelevant« betrachten. Auch durch solche kleinen, aber oft entscheidenden Entscheidungen, gewisse Dinge nicht zu erwähnen, kommt es dazu, dass sich die Berichte in verschiedenen Medien unterscheiden. Bewusst werden wichtige Informationen den Menschen vorenthalten, um die eigene Meinung zu stützen.

Die Generation Z wird oft als optimistische Generation bezeichnet und in diesem Zusammenhang stellt sich mir die Frage: »Trübt Optimismus das politische Urteilsvermögen?« Optimismus ist in den meisten Fällen objektiv. An dem folgenden Beispiel lässt sich sehr gut veranschaulichen, welchen Einfluss die Einstellung, auf die Betrachtung der politischen Geschehnisse hat. Die einen sagen: »Es gibt einen guten Grund, pessimistisch zu sein, weil die Lage echt ernst ist. Dass dadurch ein gewisser Optimismus entsteht ist beeindruckend.«

Andere, wie Julian Reichelt, schätzen die Generation nicht als optimistisch ein und sind der Auffassung, dass der gelebte Pessimismus nicht begründet ist. Reichelt würde sie als eine Generation, die »eher zwischen einer gewissen Gleichgültigkeit gegenüber großen politischen und gesellschaftlichen Trends und totalem Alarmismus bei anderen gesellschaftlichen Trends und Phänomenen schwankt« beschreiben. Weiter sagt er: »Beim Klima gibt es wahnsinnig viele hochkomplexe Problemstellungen, die nicht unbedingt dazu führen müssen, dass wir, wenn wir da nicht komplett umkehren, alle ertrinken oder dass diese Generation nicht mehr überleben oder in Wohlstand leben wird«.

Spannend ist dabei zu sehen, wie zwei verschiedene Argumentationen den gleichen Schluss zulassen, aber trotzdem komplett anders zu dem Thema stehen. Die einen sagen, es ist total übertrieben, die anderen sagen, das ist sehr gut begründet und verständlich und beide kommen zum gleichen Schluss: Die (Klima-) Generation Z ist eher pessimistisch. Der eine begründet seine Aussage damit, dass die Demos eigentlich von Pessimismus getragen sind, der gut begründet ist. Herr Reichelt hingegen findet, dass der »Worst Case«, der von den Aktivistinnen und Aktivisten angeprangert wird, übertrieben ist und begründet so den fehlenden Optimismus.

Also, trübt Optimismus das politische Urteilsvermögen?

Durch die Interviews habe ich festgestellt, dass die Frage eigentlich »Trüben Optimismus und Pessimismus das politische Urteilsvermögen?« heißen müsste. Denn, wie in dem Klimabeispiel dargestellt, kann auch Pessimismus das politische Urteilsvermögen beeinflussen. Die Antwort auf die Frage, lautet somit auf jeden Fall »Ja!«. Es wäre zumindest ein Teil der Erklärung, warum Zeitungen, Magazine und die Fernseh- und Radiosender unterschiedlich berichten – so wie es in der Bevölkerung unzählige unterschiedliche Meinungen gibt, so gibt es auch unter Journalisten unterschiedliche Meinungen und Ansichten, die zu einer anderen Bewertung und Berichterstattung zu aktuellen politischen und gesellschaftlichen Geschehnissen führt.

Ich halte den Begriff »Lügenpresse« aus den genannten Gründen für nicht zutreffend. Journalismus muss und sollte vielfältig sein, solange er faktenbasiert ist und keine Fakten ausgelassen werden, die entscheidend für die Handlung oder den Ablauf eines Geschehnisses sind.

# Die traditionellen Medien

Immer wieder geht es in den traditionellen Medien darum, was da für eine Generation (Z) auf die Menschheit zukommt. »Faul, unmotiviert, unselbstständig und verwöhnt« - Vorurteile, die gerne über die Generation Z im Zusammenhang mit der zukünftigen Arbeitswelt genannt werden. Ich erlebe täglich motivierte und engagierte Jugendliche, die die Arbeitswelt sicher bereichern werden und auf die diese Eigenschaften mit Sicherheit nicht zutreffen. Es gibt bestimmt eine Grundlage für diese Berichte, jedoch stellt man diese Generation so unter Pauschalverdacht, um die Vorurteile vieler Leser zu bestätigen. Doch wie bereits festgestellt, kann Journalismus nicht nur objektiv sein und wird durch die Subjektivität des Journalisten maßgeblich beeinflusst. Jedoch müssen sich die Medien, die stark an Auflage verlieren, auch überlegen, wer in Zukunft ihre Nachrichten und Berichte konsumiert und wer die zukünftige Zielgruppe ist. Das heißt nicht, dass man der Generation Z »Honig um den Mund schmieren« und nur Positives erwähnen sollte, es geht darum fair und ausgewogen zu berichten. Ein Beispiel aus dem Buch »Willkommen im Neuland«, von »dieserdad« zeigt, dass FakeNews und unsaubere Recherche nicht nur in der digitalen Welt vorkommen: »Spiegel TV« nutzte einen Ausschnitt aus einem Video des YouTubers »Oskar«, in dem er einen neuen Schuh einer bekannten Sportmarke auspackte und vorstellte, ohne vorher die Erlaubnis des Urhebers (in diesem Fall Oskar) einzuholen. Der Kommentar des Spiegels dazu unterstellte Oskar, dass er Schleichwerbung betreiben würde, obwohl dies keineswegs so war. Dabei lassen sich verschiedene Dinge feststellen:

1. Urheberrechtsverletzungen gibt es auch in der analogen Welt.

2. Offensichtlich hatte SPIEGEL TV in diesem Fall keine Ahnung, dass es in den Vlogs (Video-Blogs) darum geht, die Zuschauer am eigenen Leben Teil haben zu lassen, was auch bedeutet, neue Einkäufe vorzustellen.

3. Es ist ein perfektes Beispiel für die voreingenommene und nicht ausgeglichene Berichterstattung.[55]

Es fehlt die ausgewogene Berichterstattung, weil man hier einfach etwas unterstellt. Lange hatte man das Gefühl, die traditionellen Medien sind noch nicht richtig in der heutigen digitalen Zeit angekommen. Mittlerweile haben alle Nachrichtenmedien vernünftige Websites, sind auf Social Media vertreten und die meisten haben Journalisten, die sich in der Online-, besonders in der Vlogging- und Gamingszene, auskennen. Doch interessieren sich die jungen Menschen kaum für traditionelle Medien und beziehen ihre Informationen vorrangig aus dem Internet. Die »Tagesschau« und andere Nachrichtensendungen spielen bei einigen sicher immer noch eine Rolle, jedoch gibt es mehrere Podcasts und YouTube-Kanäle, die ebenfalls über das aktuelle Geschehen aufklären und investigativen Journalismus betreiben und die die jungen Menschen eher konsumieren. Um einige zu nennen, die sehr zu empfehlen sind: MrWissen2Go, Deutschland3000, Y-Kollektiv. Was dabei allerdings auffällt - bei allen drei Kanälen haben die traditionellen, besser gesagt die öffentlich-rechtlichen, Medien ihre Finger im Spiel. Sie sind Teil von »funk«, des Online-Netzwerkes von ARD und

ZDF.

Für Zeitungen hingegen sieht es immer schlechter aus. Alle verlieren an Auflage und können kaum neue (und junge) Leser für sich gewinnen. Dass die Papierzeitung irgendwann kein Massenmedium mehr ist, da ist man sich ziemlich sicher. Jedoch ist auch das Format »Online-Abo« für viele Jugendliche und junge Menschen keine Option. Viele sind es schlichtweg einfach nicht mehr gewohnt, Geld für Inhalte auszugeben - die meisten Zeitungsartikel gibt es online sowieso kostenlos und auch manche kostenpflichtige Artikel sind durch kleine Tricks zu lesen, ohne etwas zu bezahlen. Diese Tricks kennen die Jugendlichen offensichtlich besser als die Inhaber der Seiten.

Abgesehen davon, ist man durch YouTube, Instagram und Co. gewohnt, Content kostenlos geboten zu bekommen. Kostenlos ist in diesem Fall so definiert, dass man kein Geld dafür bezahlen muss. Durch die Sammlung persönlicher Daten und das Ansehen von Werbung zahlt man eben auf eine andere Weise. »Aber für Streamingdienste wie ›Netflix‹, ›Spotify‹, ›Deezer‹, ›Apple Music‹ und Co. bezahlen die Jugendlichen doch auch etwas!?«. Ich würde, ohne dass es dazu eine mir bekannte Untersuchung gibt, behaupten, dass diese Dienste in den meisten Fällen von den Eltern oder anderen Verwandten bezahlt werden. Durch Familienabonnements bietet sich meist die Möglichkeit bis zu vier andere Personen an dem Angebot teilhaben zu lassen. Die Selbstverständlichkeit, für eine Gegenleistung zu zahlen, ist nicht mehr da. Früher war es so, dass man die CD, wenn man noch weiter zurück geht die Schallplatte, gekauft hat und so für seine Musik gezahlt hat. Durch »Spotify« und Co. ist dies auch nicht mehr nötig.

Doch »traditioneller Journalismus« kostet normalerweise etwas und kann auch nur funktionieren, wenn er durch die Leser oder die Zuschauer finanziert wird, um seine Aufgabe als »vierte Gewalt«, als »Kontrollinstanz« wahrnehmen zu können. Denn auch die Journalisten wollen von ihrem Beruf leben können. »[…] meine Überzeugung ist, dass freie Gesellschaften starken Journalismus brauchen und freier Journalismus braucht bezahlten Journalismus. Sonst lässt sich freier Journalismus nicht aufrechterhalten. Wenn wir als Branche und auch nicht nur in einem Land, sondern international an einigen Stellen die richtigen Entscheidungen treffen, wird es auf jeden Fall weitergehen. […], so Julian Reichelt.

Und auch die öffentlich-rechtlichen Sender stehen immer wieder in der Kritik. Zuletzt der WDR wegen eines Liedes des WDR-Kinderchors in der die Oma als »Umweltsau« bezeichnet wird. Das ganze nach der Melodie des Liedes »Meine Oma fährt im Hühnerstall Motorrad«. Ein »satirischer« Clip, der Empörung auslöst und in der Diskussion um die Öffentlich-Rechtlichen, besonders um den Rundfunkbeitrag, sicher nicht ein Argument für eine Erhöhung ist. Danny Hollek, freier Mitarbeiter beim WDR für die Sendung »Aktuelle Stunde«, wollte wohl seinen äußerst speziellen Humor seinen Mitmenschen präsentieren - er schrieb auf Twitter: »Lass mal über die Großeltern reden, von denen, die jetzt sich über #Umweltsau aufregen. Eure Oma war keine #Umweltsau. Stimmt. Sondern eine #Nazisau.«[56] Das Menschen sich darüber aufregen, die Medienanstalt mit zu finanzieren, bei der Herr Hollek beschäftigt ist, ist verständlich. Diese Aussage ist einfach geschmacklos. Der WDR distanzierte sich von dieser Aussage und auch Herr

Hollek entschuldigte sich, was aber ziemlich gedrungen wirkte. Er schob diesen Tweet der Satire bzw. dem Sarkasmus zu. Er schrieb unter anderem: »[...] Meine Absicht war eine sarkastische Bemerkung zum Thema #Umweltsau. Das war unüberlegt. Mir hätte bewusst sein müssen, dass Twitter kein geeigneter Ort für Sarkasmus ist.«[57]

Ein weiteres Beispiel kommt aus dem Zusammenhang der »Corona-Krise«. Hier leistete sich der Kanal »Bohemian Browser Ballett« einen Griff daneben. Wörtlich heißt es: »Interessant, wie fair dieses Virus dabei ist. Es rafft die Alten dahin, aber die Jungen überstehen diese Infektion nahezu mühelos. Das ist nur gerecht, immerhin hat die Generation 65 plus diesen Planeten in den vergangenen 50 Jahren voll an die Wand gefahren.«[58] Natürlich war es wieder ein satirischer Beitrag (der an Respektlosigkeit und Unverschämtheit nicht zu überbieten ist). Ohne das Beispiel ausführen zu wollen, ist es ein Kommentar, der sicher nicht aus den Geldern des öffentlich-rechtlichen Rundfunks finanziert werden sollte. Denn auch die »Alten, die das Virus dahinrafft« zahlen GEZ-Gebühren und finanzieren damit diesen Beitrag.

Ohnehin wird der öffentliche-rechtliche Rundfunk (ÖRR) von FDP (besonders von den Julis) und AfD kritisiert. Sie führen z.B. an, dass die Mittel nicht effizient genutzt werden und zu viel Geld verschwendet werde. Der Intendant des ZDF Thomas Bellut sagte 2018 im Zuge der Diskussion um die Erhöhung des Rundfunkbeitrages: »[...] Klar ist aber, ohne eine Beitragsanpassung ist das Qualitätsniveau auf keinen Fall zu halten.« Und das obwohl jährlich bereits ca. 8 Milliarden Euro an die »Öffentlich-rechtlichen« fließen. Immer wieder ziehen ARD und ZDF aufgrund der teuren Übertragung von

Fußballspielen und hohen Pensionen Kritik auf sich. Ich halte eine Erhöhung nicht für zeitgemäß, da die GEZ-Gebühr eine Zwangsabgabe ist, die gezahlt werden muss. Das Angebot ist zwar vielfältig, jedoch rechtfertigt es nicht noch höhere Beiträge, denn nur zum Vergleich: Die GEZ-Gebühr ist teurer als jedes andere »übliche« Abonnement, egal ob «Netflix«, »Amazon Prime Video« oder »Spotify«. Auch diese Unternehmen kommen mit teils erheblich weniger Beiträgen klar und bieten eine große Vielfalt. Wären die GEZ-Gebühren freiwillig würde einer Erhöhung nichts im Wege stehen.

Jedoch übernimmt der ÖRR immer noch eine wichtige Rolle in der politischen und gesellschaftlichen Berichterstattung. Aus diesem Grund sollte man diesen auch beibehalten, eine völlige Abschaffung würde jedenfalls der Vielfalt der Medienlandschaft schaden.

Nicht abzustreiten ist, dass gerade Sender wie Phoenix regelmäßig qualitativ hochwertige Dokumentationen senden und produzieren. Die Frage wird sein, wer den politischen Journalismus ersetzt, den aktuell die öffentlich-rechtlichen Sender bieten. Talkshows wie »Anne Will«, »Markus Lanz« oder »Maischberger« unterhalten immer noch Millionen Zuschauer und es ist fraglich, ob private Sender solche Sendungen weiterhin produzieren würden. Solche Punkte müssen beachtet werden, bevor man eine Entscheidung trifft. Sollte der ÖRR bestehen bleiben, muss sicher darüber diskutiert werden, ob die Höhe des Beitrages noch gerechtfertigt ist und welche Inhalte zum Aufgabegebiet der »Öffentlich-Rechtlichen« gehören.

# Journalismus der Zukunft

Wird es in Zukunft noch Zeitungen in Papierform geben? Schauen noch genug Menschen die »Tagesschau« oder findet das in Zukunft alles online statt? Die Zeit der gedruckten Zeitung läuft sicher irgendwann ab und auch die des Fernsehens läuft, vielleicht etwas langsamer. Die Kanäle, auf denen Journalismus publiziert wird, werden sich ändern. Wann genau das sein wird, hängt von den Konsumenten und den Medienkonzernen ab. Die Medienkonzerne sollten sich möglichst schnell auf die neuen Kanäle einstellen, wenn sie nicht an Bedeutung verlieren möchten. Da hilft es auch nichts, die »jungen, hippen« Influencer ins Fernsehen zu holen. Meistens nutzt es nicht einmal die Einschaltquoten zu verbessern, denn die meisten Jugendlichen schauen sich die Sendungen dann in der Mediathek an.

Viel wichtiger als die Kanäle sind allerdings die Inhalte. Faktenbasierter und unabhängiger Journalismus sind ein unverzichtbarer Pfeiler der Demokratie. Auch wenn Journalismus immer etwas subjektiv ist, sollte er, durch die Darlegung aller relevanten Fakten, die Möglichkeit bieten, sich seine eigene Meinung zu bilden. Bei möglichst objektivem Journalismus hilft es immer, wenn sich mehrere Journalisten mit einem Thema und Artikel auseinandersetzen und nicht nur eine Person. Mit einem langen Zeitungsartikel erreicht man die Generation Z nicht mehr, zumindest nicht kontinuierlich. Außer ein paar Sätzen lesen die wenigsten noch Nachrichten. Wer sich informiert schaut oder hört sich Berichterstattungen an, in Form eines Podcast, eines YouTube-, Instagram- oder Snapchat-Videos. Ob Louisa Dellert oder Tilo Jung, beide versuchen ihre Zuschauer zu informieren und das ausschließlich online. Tilo Jung ist Meinungsjournalist, in welche Richtung er fragt und denkt ist aus seinen Videos klar ersichtlich und auch bei Louisa Dellert ist ihre politische Weltanschauung zu erahnen, wenn auch nicht so stark wie bei Tilo Jung. Das ist erstmal unproblematisch, wenn man sich nicht ausschließlich bei ihnen informiert, denn auch die WELT, Süddeutsche oder das Handelsblatt veröffentlichen Meinungsartikel. Doch als einzige Informationsquelle sollte der Meinungsjournalismus nicht gelten, es sei denn man liest Meinungsartikel bei Journalisten mit verschiedenen politischen Denkweisen. Eva Schulz beschreibt sehr gut, wie man mit Meinungsjournalismus die eigene Meinungsbildung anregen kann: »[…] wir versuchen ja ganz oft zu provozieren, damit sich Leute an uns reiben. Denn in dem Moment wo du denkst: ›OK ich sehe das Argument, aber ich hätte jetzt hier noch eins was dagegenspricht.‹ Da fängt man an, sich selbst eine Meinung zu bilden.«

Meinungsjournalismus gehört also auf jeden Fall dazu und hilft Diskussionen anzustoßen, sollte aber nie die einzige Informationsquelle sein. »Nüchterne« Berichterstattung, in der man alle Fakten darstellt, ohne diese in eine Richtung zu deuten, ist genauso ein Element des Journalismus. Doch die meisten Influencer, bei denen sich die viele Jugendliche informieren, werden nie ein Redaktionsteam haben, welche die Informationen aufbereiten. Es gibt aber auch Beispiele, wie man auf YouTube objektiven Journalismus betreiben kann. Mirko Drotschmann betreibt den YouTube-Kanal »MrWissen2Go« auf dem er anfangs Erklärvideos zu geschichtlichen Ereignissen veröffentlicht hat. Heute erklärt er aktuelle politische und gesellschaftliche Fragen und das sehr objektiv und ziemlich erfolgreich. Seit einiger Zeit ist er auch Teil des Netzwerkes »funk«, von ARD und ZDF, der Kanal besteht aber schon wesentlich länger als das Netzwerk selbst.

Wie erreichen die traditionellen Medien also die jungen Menschen und ist das überhaupt möglich? Möglich ist es auf jeden Fall, die Zeit läuft aber ab. Es hilft nichts, einfach die Nachrichten auch auf YouTube zu veröffentlichen. Die Nachrichten müssen für die Zielgruppe spannend, möglichst kurz und informativ sein, pro Meldung sollte man nicht mehr als zwei Minuten brauchen. Ein Video vor einem Hintergrund, welcher sich nicht verändert, wird die jungen Menschen nicht die zwei Minuten an das Video binden. Ständige Bildwechsel und treffende Grafiken und Statistiken sind elementar. Wichtig ist es, die Informationen auf das Wichtige zusammenzufassen. Personen können hier auch immer hilfreich sein, um die Jugendlichen zu erreichen, denn Werbung allein reicht nicht, um die Zielgruppe zu dem eigenen Format zu locken. Naheliegend wäre für einige jetzt vielleicht, die Influencer mit den meisten Zuschauern zu engagieren, um Werbung mit ihnen zu machen und eine bekannte Person für ihr Nachrichtenformat zu gewinnen, es wäre aber genau das Falsche. Die erfolgreichsten YouTuber, Instagramer und Co. sind erfahrungsgemäß keine Influencer, die sich mit gesellschaftlichen und politischen Fragen auseinandersetzen. Authentizität ist hier so wichtig, wie die Inhalte selbst. Stellt man jetzt eine »Beauty-Bloggerin« ein, um eine Nachrichtensendung zu moderieren, ist das höchst unglaubwürdig.

Der Textjournalismus ist aber noch lange nicht verloren, er

muss sich nur verändern, um erfolgreich zu sein. Es gibt komplexe Themen, in die man nicht einfach einsteigen kann. Dabei ist es wichtig, eine gute Einleitung zu verfassen, die es jedem ermöglicht, zu wissen, worum es geht und wie z.B. ein Problem entstanden ist. Denn wem macht es schon Spaß etwas zu lesen, was man nicht richtig versteht? Eine kurze Erklärung reicht. Natürlich wird er Artikel so etwas länger, jedoch macht das bei der Länge eines normalen Artikels kaum einen Unterschied mehr. Soweit so gut. Die Frage, die noch im Raum steht - Wie finanziert man den Journalismus der Zukunft?

Die Jugendlichen sind es gewohnt Inhalte kostenlos zu konsumieren. Doch wie Eva Schulz richtig feststellt, Jugendliche sind nicht generell dagegen, für etwas zu zahlen, wenn es sie interessiert: »Ich kann mir schon vorstellen, dass deine Generation da reinwächst und zum Beispiel denkt: ›Ah, ich möchte bei der einen Netflix-Serie mitreden oder ich krieg diesen einen, richtig deepen Journalismus nur, wenn ich dafür auch bereit bin zu zahlen.‹ Und es sind ja Leute bereit, für Netflix, Amazon Prime, Spotify und Co. zu bezahlen. Es gibt ja auch ganz viele YouTuber, die durch Spendendienste Geld sammeln, und da machen ja auch genug junge Leute mit. Insofern sehe ich schon eine Chance dafür, dass diese Nutzer- und Konsumentengruppe in das Bezahlen reinwächst. Aber Geld für Journalismus zu bekommen, ist wahrscheinlich schon ein bisschen schwieriger als vor 20 Jahren…«.

Auch die Streamer, YouTuber und Co. leben teilweise von den Spenden der Zuschauer, die eine wichtige Einnahmequelle darstellen. Auch Spotify, Netflix und Co. sind Ausgaben, die für viele junge Menschen auf jeden Fall dazu gehören, genauso bei Videospielen, in die die »Gamer« nicht selten viel Geld investieren, teilweise sogar ohne Spielvorteil. Sollte der ÖRR weiterhin bestehen, wird es weiterhin einen relativ ausgewogenen Polit-Journalismus geben. Doch wie sieht es mit anderen Verlagen und Konzernen aus? Utopisch ist es, wenn man erwartet, dass man weiterhin eine Zeitung oder eine Zeitschrift zu einem monatlichen Preis von über 40€ verkaufen kann. Gut vorstellbar ist, dass es ein Abo gibt, in dem man ganz viele Zeitungen und Zeitschriften hat und lesen kann. »Ich könnte mir auch vorstellen, dass es irgendwann so etwas wie Spotify für Journalismus gäbe, also viele Zeitungen und Magazine in einem Abo. Das würde glaube ich auf eine große Nachfrage stoßen«, so Mirko Drotschmann.

Wie sich die Medienlandschaft verändert, ist in einigen Punkten relativ ungewiss. Wer bestehen bleibt und wer vielleicht vom Markt verschwindet, hängt von den Entscheidungen der Verantwortlichen in den Konzernen ab. Man sollte sich auf keinen Fall den neuen Medien verschließen, auf die Jugendlichen zugehen und auf ihren Plattformen kommunizieren.

Wird es in Zukunft noch gedruckte Zeitungen geben? Sicher eine interessante Frage, aber vielleicht nicht die Richtige, wie Julian Reichelt feststellt: »[…] Ich kann nur sagen, dass meine Überzeugung ist, dass freie Gesellschaften starken Journalismus brauchen und freier Journalismus braucht bezahlten Journalismus. Sonst lässt sich freier Journalismus nicht aufrechterhalten. Wenn wir als Branche und auch nicht nur in einem Land, sondern international an einigen Stellen die richtigen Entscheidungen treffen, wird es auf jeden Fall weitergehen. Letztendlich ist es irrelevant, ob es in der Zukunft noch gedruckte Zeitungen gibt. Wichtig ist nur die Frage «Sind Menschen weiter bereit, für Journalismus zu bezahlen« und es ist unsere Aufgabe dafür zu sorgen, dass die Antwort ›Ja‹ lautet.« Dem kann ich zustimmen und denke trotzdem darüber nach, ob es in Zunft noch traditionelle Zeitungen geben wird oder ob diese höchstens Liebhaberstücke sein werden, ähnlich wie Schallplatten. Robin Alexander stellt aber noch etwas ganz anderes, vorteilhaftes an gedruckten Zeitungen fest: »Der Unterschied ist, wenn Sie eine klassische Zeitung lesen, interessiert man sich für das eine, für das andere vielleicht nicht, sie müssen das andere auch nicht lesen. Sie sehen aber, es gibt etwas anderes auf der Welt. Bei Social ist aber die ganze Zeitung nur der eine Bericht und das führt dazu, dass die Leute denken, es gibt nur mein Thema, alle sind meiner Meinung und wer das nicht sieht, der muss Böse sein.« Dass der Trend Richtung »Online« nicht mehr aufzuhalten ist, ist hier etwas bedauerlich, aber nicht verwunderlich. Die meisten gedruckten Zeitungen sind unhandlich, verbrauchen viel Papier und sind nicht wirklich günstig. Dennoch ist es vielleicht eine Alternative, ein Magazin oder eine Sonntagszeitung zu abonnieren und so wenigstens einmal in der Woche sehen, mit welchen Themen sich andere Menschen auseinandersetzen.

# Die Jugendorganisationen

Die Jugendorganisationen der Parteien oder auch »Jugendparteien«, sind die Organisationen für die jungen Mitglieder der Partei oder die, die in die Partei eintreten möchten, sobald sie das Mindestalter erreicht haben. Obwohl »Jugendpartei« offensichtlich ein Begriff mit viel Spielraum ist. Bei der Jungen Union oder den Jusos zum Beispiel endet die Mitgliedschaft erst mit 35 Jahren. So sind auch viele Menschen Mitglied der Organisation, die schon arbeiten, möglicherweise sogar schon Kinder haben und mit Jugendlichen ab 14 Jahren über aktuelle politische Themen diskutieren sollen. Solange die Jugendlichen ernst genommen werden, spiegeln die Jugendorganisationen so sicher eine große Bandbreite wider. Doch wie attraktiv sind Jugendorganisationen für Jugendliche und welchen Einfluss haben diese überhaupt auf aktuelle politische Entscheidungen?

»[…]Die Jugendorganisationen sind ja dafür da, politischen Nachwuchs zu rekrutieren. Man merkt einem Politiker mit 50 an, ob der in einer politischen Jugendorganisation war oder nicht«, so Konstantin Kuhle. Das wirft die Frage auf: »Welche Rolle haben Jugendorganisationen überhaupt? Sollen sie den politischen Nachwuchs ausbilden oder aktiv an politischen Prozessen mitwirken? Parteimitglieder würden mir jetzt antworten, dass es »eine Mischung aus aktiver Mitgestaltung und Ausbildung« sei. Doch wenn man sieht, wie lang die Wege von der Jugendorganisation bis hin zum beschlossenen Gesetz sind, entsteht schnell der Eindruck, dass Jugendorganisationen die »Schulen« und Ausbildungsstätten für die spätere politische Laufbahn sind. Und diese Überlegung ist sinnvoll. Gerade die CDU ist mit ihrer Jungen

Union, der größten Jugendpartei Europas, und der Konrad-Adenauer-Stiftung sehr gut aufgestellt, wenn es darum geht, politischen Nachwuchs anzuwerben. Denn politische Talente findet man selten, wenn sie nicht mehr der jungen Generation angehören. Allein diese Verantwortlichkeit für die Suche nach Nachwuchs sorgt für einen gewissen Einfluss. Ohnehin lässt sich auf die Jugendorganisationen schlecht verzichten, gerade in Zeiten eines Wahlkampfes, denn die fleißigsten Wahlkämpfer sind nicht selten die Jüngsten. Zudem sind viele Mitglieder der Jugendparteien auch Mitglieder der »richtigen Parteien« bzw. der Mutterpartei und haben somit direkten auf parteipolitische Entscheidungen. Immer wieder höre ich, dass gerade in den Jugendparteien noch kontrovers und ergebnisoffen diskutiert wird und genau das ist es, was junge, politikinteressierte Menschen wollen. Es muss die Möglichkeit geben, diese Diskussionen zu führen und rhetorisch stärker zu werden, denn letzteres ist aktuell im politischen Geschäft wichtiger denn je.

Doch wenn man etwas verändern und Gesetze einbringen möchte, führt kein Weg an der Mutterpartei vorbei. Zwar haben die Jugendorganisationen meist auch ein paar wenige eigene Abgeordnete, jedoch reicht dessen Einfluss nicht so weit, dass eigene Vorschläge sicher verabschiedet werden. Das heißt, der Einfluss ist sehr beschränkt. Immer wieder gibt es Vorschläge zu Jugendparlamenten, die als unsinnig abgetan werden. Doch diese wären eine Möglichkeit, jungen Menschen aus Jugendparteien die Möglichkeit zur aktiven Mitgestaltung zu geben. Hier mein Vorschlag:

Gewählt wird von Schülern im Alter von 14-18 Jahren an den jeweiligen Schulen des Bundeslandes, das Ganze in einem Rhythmus von zwei Jahren. Gewählt werden dürfen Menschen, die am Wahltag zwischen 15 und 18 Jahre alt und Teil einer Jugendpartei sind. Das heißt, wer am Wahltag achtzehn Jahre alt ist, kann theoretisch bis er oder sie 20 Jahre alt ist, Teil des Jugendparlamentes sein. Das Jugendparlament tagt zwei Nachmittage im Monat. Um den Jugendparlamenten eine Daseinsberechtigung und zumindest einen nennenswerten Einfluss zu geben, muss sich das jeweilige Stadtparlament mit den mehrheitlich beschlossenen Anträgen des Jugendparlamentes befassen. Eine Diät oder »Aufwandsentschädigung« erhalten die Jugendlichen nicht. Für die entstehenden Kosten, zum Beispiel für die Räumlichkeiten, kommt die Stadt auf. Der »Wahlkampf« kann online stattfinden. Mit Kontaktadressen kann man die Kandidaten per Mail erreichen, um den Aufwand und die Bedeutung nicht zu übertreiben. Denn verpflichtet man die Politiker sich mit den Themen des gewählten Jugendparlamentes auseinanderzusetzen, kennen die Politiker die Anliegen der jungen Menschen, egal ob sie den Vorschlag umsetzen oder nicht. Es würde den jungen Menschen mehr Recht zur Mitbestimmung geben und auch den Jugendparteien mehr Möglichkeiten zur direkten Mitbestimmung geben.

Generell ist es zu empfehlen, einer Jugendorganisation beizutreten, wenn man sich politisch engagieren möchte. Dort gibt es die Möglichkeit das »politische Handwerk zu lernen«, wie Konstantin Kuhle sagt, Kontakte zu knüpfen und die politische Laufbahn vorzubereiten. Alle im Bundestag vertreten Parteien haben Jugendorganisation, der Einfluss und die Aktivität sind jedoch sehr unterschiedlich. Bei der AfD ist die Situation etwas kompliziert, da die »JA«, die junge Alternative, vom Verfassungsschutz beobachtet und als »Verdachtsfall« eingestuft wird, da es »Anhaltspunkte gegen die freiheitlich demokratische Grundordnung« gibt. Der Präsident des Bundesverfassungsschutzes Thomas Haldenwang erklärt hierzu: »Das BfV konzentriert sich auf die vorrangige Aufgabe, die ich darin sehe, die Aktivitäten der unter Extremismus-Verdacht stehenden AfD-Teilorganisationen ›Der Flügel‹ und ›Junge Alternative‹ zu beobachten. Dabei werden die weitere Entwicklung des Mitglieder- und Anhängerpotenzials, der programmatischen und inhaltlichen Ausrichtung, der Verbindungen zu rechtsextremistischen Bestrebungen sowie die öffentlichen Äußerungen insbesondere der führenden Protagonisten eine wichtige Rolle spielen.«[59]

Teilweise trennen sich AfD-Verbände von der Jugendorganisation. Als erstes Niedersachsen im November 2018.[60] Somit ist die »Junge Alternative« für die allermeisten Jugendlichen uninteressant. Der Einfluss der anderen Jugendorganisationen unterscheidet sich ebenfalls in verschiedenen Punkten. Auf dem Parteitag der Jungen Union zum Beispiel sind unzählige Pressevertreter und Werbende zu finden, das Interesse von allen Seiten ist relativ groß. Auch Unternehmen versuchen hier, frühzeitig an Einfluss zu gewinnen.

Ein Engagement lohnt sich in jedem Fall, unabhängig von der politischen Gesinnung.

# Influencer in der Politik – die neuen Meinungsmacher?

Spätestens nach dem »Rezo-Video« war den meisten Deutschen klar - das Internet ist keine Parallelwelt, die keinen Einfluss auf das politische Geschehen nimmt und sich einmischt. Dass es irgendwann dazu kommt, das müsste fast jedem klar gewesen sein. Dass das Video so heftig einschlägt und ein so großes Echo hervorruft, damit hätte wohl niemand gerechnet, nicht einmal »Rezo« selbst. Jedoch geht der Trend immer mehr dahin, dass sich auch Influencer politisch äußern. Von der Fitnessbloggerin bis zum »Let´s Player« mischen alle mehr oder weniger mit. Ausgelöst wurde das durch den »Artikel 13«, den man unbedingt durchbringen wollte. Man gefährdete somit die Existenz Tausender Internetstars. Allein in Deutschland hängen wahrscheinlich Zehntausende Arbeitsplätze, die meist sehr gut bezahlt sind, an diesem Business. Denn Uploadfilter hätten dazu geführt, dass viele Videos gar nicht mehr, mit erheblichem zusätzlichem Aufwand oder nur in sehr eingeschränkter Form hätten veröffentlicht werden können. Die meisten haben Hunderttausende, manche sogar Millionen Abonnenten und Fans, die weiterhin ihre Stars, besonders deren Videos, sehen wollen. Betroffen wären alle Genres gewesen, vom Gaming, über Beauty bis hin zum Vlogging. Die Reichweite der Influencer zusammen ist unglaublich, man mobilisierte eine ganze Generation und politisierte sie in gewisser Weise, auch wenn das sicher nicht das Ziel der CDU war. YouTube war zu dieser Zeit in Deutschland wahrscheinlich so politisch wie nie zuvor. Eigentlich war zu erwarten, dass sich YouTube wieder entpolitisiert und die Künstler wieder zu ihren ursprünglichen

Inhalten zurückkehren. Das ist bei vielen auch passiert, einige blieben aber teilweise oder sogar ganz bei der Politik, doch ausgewogener Journalismus ist das meistens nicht und genau das ist das Problem. Für viele Jugendliche ist es er erste Kontakt zur Politik, der aber nicht wirklich neutral ist. Neutralität ist meiner Meinung nach anfangs das Wichtigste, um sich eine eigene politische Meinung zu bilden. Doch die Objektivität lässt bei vielen zu wünschen übrig, besonders weil immer klar ersichtlich sein sollte, was die eigene Meinung und was die Fakten sind. Objektiver Journalismus ist es auch nicht, wenn man Fakten erwähnt, andere relevante Inhalte aber dafür auslässt, um die eigene These zu stützen. Zudem gibt es Fakten, die verschiede Schlüsse zulassen. Auch Mirko Drotschmann merkte dazu beim »Rezo-Video« an: »Manche Dinge sind ein bisschen verkürzt dargestellt, sehr zugespitzt und gewisse Dinge, die man hätte erwähnen sollen, wurden ausgelassen. Gerne wurde auch auf das Stilmittel der Quelle zurückgegriffen, um vermeintlich Tatsachen zu schaffen, also zu sagen ›es ist so und so und ich habe dafür diese Quelle‹ […].«

Meinungsjournalismus ist sicher wichtig für den Journalismus und interessant für die Leser, Zuschauer und Zuhörer. Jedoch ist es nicht sinnvoll, sich ausschließlich aus Meinungsjournalismus zu informieren, denn Meinungsjournalismus ist nun einmal sehr beeinflusst von der eigenen Meinung, die in den Artikeln propagiert wird. Wobei man sich zu allererst die Frage stellen muss: »Ist das überhaupt Journalismus?« Das ist natürlich von Fall zu Fall unterschiedlich, wer den eigenen Content aber hauptsächlich auf politische Information auslegt, sollte den Anspruch haben journalistisch zu arbeiten. »Ich habe gar nicht den Anspruch journalistisch zu arbeiten«, oder »Ich würde selbst von mir nicht behaupten, dass ich Journalist bin« ist für mir mich eine Ausrede, mit der man es sich zu leicht macht. Selbst wenn die Influencer darauf hinweisen, dass man sich unbedingt bei anderen Quellen informieren sollte - in der Realität werden es die Wenigsten tun, die sich nicht regelmäßig aus verschiedenen Quellen informieren. Damit spreche ich nicht die Stars an, die hauptsächlich einen anderen Beruf (wie z.B. Musiker oder Comedians) ausüben und kurze Statements abgeben. Es geht um die, die nicht nur ein kurzes Statement abgeben, sondern regelmäßig Inhalte veröffentlichen, in denen es um politische und gesellschaftliche Themen geht. Rezo zum Beispiel ist sicher kein Journalist, stellte sich auch nicht so dar, veränderte jedoch aktiv etwas in der politischen Landschaft. Sollte er eine neue Version eines »Zerstörungsvideos« veröffentlichen, sollte er schon den Anspruch eines journalistischen Inhaltes haben und journalistische Maßstäbe anwenden. Wenn sich aber jemand wie Johannes Strate auf einem Konzert so äußert, dass hier »jeder Mensch mit offenen Armen empfangen wird und wir keinen im Mittelmeer verrecken lassen,«[61] hat natürlich niemand einen journalistischen Anspruch, es wäre einfach unangebracht. Der Unterschied besteht aber darin, dass Johannes Strate hier niemanden informiert, wie es vielleicht Rezo tat oder tun wollte, sondern einfach seine Meinung äußert. Ich bin der Auffassung, dass alle, die den Anspruch haben Menschen zu informieren, auch den Anspruch haben sollten, journalistisch und objektiv zu arbeiten.

Wenn das nicht gelingt, ist die unabhängige Meinungsbildung stark eingeschränkt, denn wer liest heute noch Zeitung? Robin Alexander konkretisiert dieses Phänomen nochmal: »[...] wenn Sie eine klassische Zeitung lesen, interessiert man sich für das eine, für das andere vielleicht nicht, sie müssen das andere auch nicht lesen. Sie sehen aber, es gibt etwas anderes auf der Welt. […]« Die Gefahr besteht einfach darin, dass man die Meinung des Influencers für die einzig richtige hält und auch die dort dargestellten Fakten und Informationen für die relevantesten hält, weil die YouTuber, Instagramer und Co. meist ziemlich authentisch scheinen. Umso wichtiger ist, dass man sich immer aus mehreren Quellen informiert, am besten sogar bei Journalisten, die verschiedene Meinungen vertreten und in verschiedenen »politischen Lagern« verortet werden. Gerade in heutigen Zeiten mit vielen Halbwahrheiten und Fake News ist es wichtig, sich bei Journalisten und seriösen Zeitungen und Magazinen zu informieren, die gewisse Standards haben. Dazu gehört eine gewisse Neutralität (außer natürlich bei Meinungsartikeln) und eine saubere Recherche. Denn Tatsachen lassen oft auch unterschiedliche Schlüsse zu, das ist an den unterschiedlichsten und polarisierendsten Beispielen zu veranschaulichen: Die Flüchtlingskrise - »In Deutschland bekommen die Asylbewerber so viel Geldleistungen wie in keinem anderen Land, der aktuelle Betrag liegt bei 135€«.[62] Dieser Fakt lässt aber mehrere Schlüsse zu, die einen sagen: «Das ist viel zu viel, Asylbewerber sollen nur Sachleistungen und gar kein Geld erhalten!«, andere sagen: »Das ist viel zu wenig, davon kann man doch gar nicht leben!« und wieder andere sagen: »Die Geldleistungen sollten an die in den anderen Ländern der Europäischen Union angepasst werden, so dass das Geld keinen Anreiz darstellt, ein anderes Land zu verlassen.« Andere sind vielleicht mit der aktuellen Lage zufrieden. Wenn also jemand sagt: »Die Fakten sind so und das ist falsch, weil…«, dann ist das vielleicht die eigene

Meinung aber nicht unbedingte »richtige Meinung«, die es in den meisten Fällen gar nicht gibt.

Das nächste Beispiel ist der Klimawandel - dem deutschen Staat stehen jährlich nur begrenzte finanzielle Ressourcen zur Verfügung. Wie man das Geld investiert, muss jedes Mal wieder neu bewertet werden. Natürlich kann man das Geld in den Kampf gegen die Erderwärmung investieren, aber genauso gut in die Forschung für Medikamente gegen die Krankheiten, die uns heute beschäftigen. Und auch die Wirtschaft und deren Arbeitsplätze darf nicht vernachlässigt werden, denn die Arbeitenden ermöglichen erst die finanziellen Spielräume. Oft fehlt einfach die Anmerkung, dass das nur die eigene Meinung ist und man das natürlich auch anders sehen kann. Gut finde ich immer, wenn man noch sagt: »Informiert euch auf jeden Fall auch noch woanders«, denn sich aus nur einer Quelle zu informieren ist nie sinnvoll.

# Wahlmanipulation durch Social Media

Wie wirkt sich Social Media auf Wahlen und Abstimmungen aus? Welchen Einfluss nehmen diese Plattformen wirklich auf das Abstimmungsverhalten der Wahlberechtigten? Man war sich lange nicht sicher, welchen Einfluss die sozialen Medien wirklich nehmen und ob diese eine relevante Informationsquelle darstellen, ähnlich wie Online-Zeitungen, mit dem entscheidenden Unterschied, dass auf Social Media jeder Inhalte verbreiten kann, auch wenn der Wahrheitsgehalt äußerst fragwürdig ist. Zudem lässt sich Onlinewerbung mittlerweile sehr viel gezielter platzieren. Durch die Datensammlung der Konzerne lassen sich Zielgruppen sehr gut und sehr genau bestimmen und ermöglichen es so, die richtigen Wahlversprechen und Vorhaben zu verbreiten.

Spätestens seit der Aktivität von »Cambridge Analytica« ist klar: Die Beeinflussung der wahlberechtigten Menschen durch Social Media ist riesig, teilweise sogar entscheidend. Der »Spiegel« schreibt dazu: »Der Netflix-Film, diese Fallhöhe ist schnell gesetzt, dreht sich um nicht weniger als das Schicksal ganzer Demokratien im Facebook-Zeitalter. Cambridge Analyticas ›großer Hack‹, so muss man den Filmtitel verstehen, hat Donald Trump angeblich zu seinem überraschenden Wahlsieg 2016 geführt: Amerika wurde mit Daten gehackt. Eine kühne These - denn so einfach ist es wohl nicht.«[63]

Die Frage ist, inwieweit Social Media Wahlen beeinflusst und entscheidet. Wenn man weiß, wen was interessiert, welche Menschen man überzeugen muss und welche noch unentschieden sind, dann ist es sicherlich einfacher eine

Wahl zu gewinnen, als wenn man alle potentiellen Wähler ansprechen und versuchen muss zu überzeugen. Welche Folgen hatten die Tätigkeiten von »Cambridge Analytica« bisher? Hat das Unternehmen wirklich für den Sieg Trumps bei der Präsidentschaftswahl und beim Brexit-Votum gesorgt? Fragen, die noch nicht zu beantworten sind und an denen große Institutionen, wie zum Beispiel der US-Kongress, arbeiten. Doch worum geht es dabei genau? »Thisisyourdigitallive«, eine App eines Drittanbieters, bot Facebook-Usern den Persönlichkeitstest an. Man spricht davon, dass Persönlichkeitsdaten von 87 Millionen verwendet wurden und das obwohl nur 270.000 Menschen an dem Persönlichkeitstest teilnahmen. Denn das Unternehmen Global Science Research (GSR) sammelte nicht nur die Daten der 270.000 Nutzer der App, sondern auch von deren Facebook-Kontakten. GSR musste nicht einmal in das System eindringen, um an die Daten zu kommen, die Daten sind über den regulär vorgesehen Weg, eine Programmierschnittstelle, an GSR geflossen. Vereinbart und vorgesehen war jedoch nicht, dass GSR die Daten an »Cambridge Analytica« weitergibt. Die Daten sollten lediglich zur »Verbesserung des Nutzungserlebnisses« führen.[64] Zu den übertragenen Daten gehören soziodemografische Daten, sowie Daten über die eigene Identität. Dazu gehören Daten wie die Religionszugehörigkeit, die sexuelle Orientierung oder auch politische Überzeugungen. Dazu wurden auch Daten weitergegeben, die Facebook aus dem Nutzerverhalten geschlossen hat. Die Internetseite »netzpolitik« schreibt dazu: »Die auf die oben beschriebene Weise erstellten Persönlichkeitsprofile wurden den Berichten zufolge eingesetzt, um die Botschaften der Trump-Kampagne im US-

Wahlkampf auf möglichst kleine Zielgruppen zuzuspitzen. Dass diese Technik des sogenannten Microtargeting sowohl online als auch offline (nicht nur in diesem) US-Wahlkampf eingesetzt wurde, war grundsätzlich bereits bekannt.«

Gegründet von Alexander Nix, wurde »Cambridge Analytica« von dem US-Milliardär Robert Mercer mit 15 Millionen US-Dollar unterstützt. An der Aufklärung des Vorgehens sind die meisten Akteure nicht wirklich interessiert. Mark Zuckerberg, der CEO von »Facebook«, lehnte eine Aussage vor dem britischen Parlament ab und die Anfrage des EU-Parlaments ließ er wochenlang unbeantwortet, ehe er sich dem EU-Parlament stellte. In Deutschland beschäftigte sich das Justizministerium sowie der Digitalausschuss mit dem Thema. Wirkliche Sanktionen zog man offensichtlich nicht in Betracht. Man erhofft sich wahrscheinlich mehr von Sanktionen des EU-Parlaments.[65] Passend dazu: Die Staatsministerin für Digitales, Dorothee Bär (CSU), veröffentlichte im April 2019 ein Foto mit dem Facebook-Chef Mark Zuckerberg und schrieb dazu: »Ein regelmäßiger Austausch mit Facebook sei wichtig, um ›gegenseitiges Vertrauen und Verständnis‹ auszubauen«.[66] Kritisiert wurde sie dafür, dass gerade mit dem Hintergrund von »Cambridge Analatica« und den dazu laufenden Ermittlungen es höchst unprofessionell sei, sich so mit ihm fotografieren zu lassen, gerade als »Digitalministerin« und dass die nötige Distanz fehlt.[67]

Bisher kam es jedoch nicht zu nennenswerten Sanktionen seitens des EU-Parlaments. Und dies, obwohl die Daten von Facebook-Nutzern wahrscheinlich einen entscheidenden Einfluss auf Wahlen nehmen können. Ein früher Aussteiger sagt im Zusammenhang mit Cambridge Analytica über den Einfluss von »Facebook«: »Wir haben Mark Zuckerberg unsere Demokratie anvertraut. Einem Mann, der nicht einmal der amerikanischen Gerichtsbarkeit unterworfen ist, geschweige denn der in Europa, Asien, Afrika oder sonstwo auf der Welt. Und ich finde das ziemlich beunruhigend.«[68]

Auch wenn das System undurchsichtig ist, verdeutlicht dieser Skandal, wie wichtig es ist, seriöse Medien beizubehalten und sich nicht nur über undurchsichtige Quellen und Facebook-Posts zu informieren. Die »Gefahr«, gerade auf Online-Plattformen, ist größer als je zuvor, dass man auf »Fake News« stößt und sich durch diese informiert. (Bezahlter) Journalismus schützt die Demokratie!

Nicht zu bestreiten ist jedenfalls, dass Social Media einen erheblichen Einfluss auf Wahlen hat - ob mit oder ohne Datenskandal. Bei einem US-Präsidenten, der wichtige Entscheidungen über Twitter mitteilt, gehören diese Plattformen ohne Frage zu den relevanten Informations-quellen. Genauso durch Trends, die sich besonders auf Twitter schnell entwickeln, werden bestimmte Themen auf die Tagesordnung des Politbetriebes gesetzt. Interessant ist allerdings, wie Politiker Social Media nutzen und welche Werbung sie in den sozialen Medien schalten. Ein Facebook-Account gehört für alle Politiker, unabhängig der Altersklasse, dazu. Allerdings schwankt die Regelmäßigkeit der Postings gewaltig. Wenn die Politiker junge Menschen online erreichen wollen, sind zwei Komponenten aber viel wichtiger - die Qualität und die Authentizität. Qualität bedeutet, dass sie mit einer gewissen Professionalität produziert werden und die wichtigsten »Regeln von Social Media« beinhalten, das heißt, dass sie nicht zu lange dauern und sich auf das Wesentliche konzentrieren. Ein Video, das mehrere Minuten dauert, hat in den sozialen Medien eher weniger Chancen Beachtung zu finden oder bis zum Ende geschaut zu werden, besonders bei den jüngeren Menschen. Die Authentizität ist aber noch wichtiger als alles andere, sie macht Politiker greifbar. Wenn die Politiker das Smartphone selbst in die Hand neben und zu ihren Zuschauern sprechen, oder ein Selfie machen, kommt es authentischer rüber, als wenn nur Fotos von einem gemacht und Videos (z.B. von den Parlamentsreden) hochgeladen werden. Auch Charles Bahr ist teilweise enttäuscht von den Politkern: »Die wenigsten machen sich Gedanken darüber, wie muss ich es persönlich und selbst darstellen.« Und er ist davon überzeugt, dass die Authentizität mangelnde Qualität ausbessern kann: »Man sieht, wenn die Politiker es selbst machen, allein schon weil sie es selbst aus ihrer Hand heraus filmen, sie selbst die Storys hochladen und selbst darauf reagieren. Dann hat man als Zuschauer auch einen viel höheren Toleranzwert zu sagen, ›ist vielleicht nicht so geil, aber er macht es selbst‹. Von welchem 60-70-Jährigen erwartet man denn, dass er sich damit auseinandersetzt – von niemandem. Trotzdem, coole Sache - Respekt!« Weiter sagt er auf die Frage, ob es eine Reichweite gibt, ab der Politiker auf jeden Fall reagieren müssen: »Die Politiker sollten auf jeden Kommentar reagieren. Ich weiß das ist schwierig, aber jeder Kommentar, der ernsthaft geschrieben wird, mit einer ernsthaften Begründung und Nachfrage, bringt die Politiker weiter, wenn sie darauf antworten, weil sie wieder greifbar erscheinen und das ist es, wofür wir Politiker kritisieren, nämlich unglaublich hohe Gehälter, nur Fahrbereitschaft vom Bundestag, den gesamten Tag total unglaubwürdig und ungreifbar für die Wähler selbst. Das könnten sie dadurch nicht bestätigen lassen, sondern etwas anderes zeigen. Ich glaube deswegen es so wichtig.« Er spricht es ziemlich direkt aus - die Nähe zum Bürger fehlt an einigen Stellen, das streiten viele Politiker auch gar nicht ab, jedoch kann man gerade auf sozialen Medien dafür sorgen, die Wahrnehmung der Bevölkerung zu ändern, indem man sich eben online mit ihren Themen und Fragen auseinandersetzt und persönlich darauf antworte. Auch wenn man vielleicht nicht auf jeden Kommentar antworten kann, würde es schon sehr helfen, wenn man zum Beispiel wöchentlich auf 10 Anmerkungen oder Fragen reagiert.

Das gilt natürlich nicht nur für Facebook, sondern auch für Instagram. Denn wer meint, er erreicht die jungen Leute mit einem professionellen und authentischen Facebook-Account, der liegt falsch. Auf Facebook sind die wenigsten Mitglieder der Generation Z unterwegs, höchstens um Facebook als schnelle Möglichkeit zur Anmeldung, zum Beispiel bei Videospielen, zu nutzen. Ein gepflegter Account bei Instagram (Tochterunternehmen von Facebook) sollte für alle politischen Akteure dazu gehören, wenn sie auch die (ganz) jungen Menschen erreichen wollen. Gerade hier ist es wichtig, direkt mit den Abonnenten zu kommunizieren. Authentizität und spannende Inhalte sind besonders wichtig, da es bei den »Storys« die Möglichkeit gibt, einfach weiter zu wischen und sich den nächsten Inhalt anzuschauen. Das heißt, wenn Inhalte nicht spannend genug sind, schauen sich die Abonnenten die Inhalte nur so kurz an, dass kaum Informationen hängen bleiben. Das heißt nicht, dass Social Media Referenten überflüssig sind - es soll nicht jeder Post und jede Story selbst vom Politiker gemacht werden, es soll nur so oft wie möglich persönlich mit den Zuschauern kommuniziert werden. Eine wöchentliche Online-Sprechstunde würde die Kommunikation mit den Bürgern zum einen flexibler machen und zum anderen dafür sorgen, dass viel mehr Menschen ihre Fragen loswerden können.

Doch wie nutzen Parteien und Politiker Social Media Werbung? Unter Social Media verstehe ich nur <u>bezahlte</u> Anzeigen, die auf den Plattformen geschaltet werden. Ausprobiert haben sich wohl alle großen Parteien, bei der Europawahl stach die SPD mit ihrer Social-Media-Kampagne heraus, besonders auf Instagram. Wie erfolgreich diese war, konnte mir der Generalsekretär der SPD, Lars Klingbeil, nicht genau sagen. Einen Erfolg, den die Kampagne allerdings hatte, war die Steigerung des Bekanntheitsgrades der Spitzenkandidatin, Katarina Barley. Auch wenn die SPD wieder unzählige Stimmen verlor, wagte die Partei sich an das, in Deutschland bisher nicht wirklich beachtete, Feld der Social Media Werbung heran. Konstantin Kuhle antwortet wie die meisten: »Auf Twitter und Instagram habe ich es noch nicht gemacht, bei Facebook schon.« und weiter: »Ich bin mir noch nicht sicher, was das bringt. [...]«

Es ist also noch ein sehr offenes Feld. Das liegt zum einen daran, dass es mit einem gewissen Aufwand verbunden ist, Social-Media-Content und die dazugehörige Werbung zu kreieren, und zum anderen daran, dass viele Parteien und Politiker den Wert noch nicht erkannt haben. Vielleicht sehen wir ja in Zukunft mehr parteipolitische Werbung in den sozialen Medien...

# Das Coronavirus (COVID-19)

Wer hätte gedacht, dass das Virus uns so hart trifft und einschränkt, als wir die ersten Berichte aus China gesehen haben? Es wirkte anfangs ziemlich weit weg und man hat es unterschätzt. Da ich kein Virologe bin, kann ich nur über die Auswirkungen in den Bereichen Politik und Wirtschaft sprechen.

Man könnte am Ende ein ganzes Buch über die Corona-Krise schreiben, vielleicht wird dies auch geschehen, doch hier schon einmal ein vorläufiges Fazit und eine Betrachtung dessen, woraus wir schon Schlüsse ziehen können. Den Ursprung hat das Virus wahrscheinlich in China, genauer gesagt in Wuhan. In einer globalisierten Welt bleibt ein Virus nicht lange am selben Ort und wird schnell in die Welt hinausgetragen, so war es auch klar, dass es früher oder später in Deutschland ankommen wird. Anfangs sah man es noch ziemlich entspannt und verzichtete auf Schutzmaßnahmen, was sich später rächen sollte. Nach und nach versuchte man, das Virus mit minimalen Maßnahmen einzudämmen bis man zu drastischen Maßnahmen griff, die den Blick auf dieses Virus nachhaltig verändern sollten. Man schloss zuerst die Schulen, nach und nach dann auch Einkaufszentren, Friseursalons und alles weitere, was nicht »überlebenswichtig« ist. Für einige kam es vielleicht überraschend, es war aber angemessen.

Anfangs hielten sich einige Menschen nicht an die Maßnahmen, was zu der Verschärfung führte. Man muss verstehen, dass es schneller vorbei ist, wenn man sich an die Maßnahmen hält. Ich schreibe dieses Kapitel Ende März

2020 und es gibt auch nach der Verschärfung immer noch Leute, die sich nicht an die Vorgaben halten, obwohl ihnen klar sein müsste, dass die Lage ernst ist.

Noch spannender ist allerdings, wie die Politik auf die Lage reagiert. Nachdem man den Ernst der Lage erkannt hatte reagierte man, die meisten Maßnahmen sind ja bekannt. Auf welche Vorschläge einzelne Landesregierungen allerdings kommen, ist sehr fragwürdig. Schon seit vielen Jahren ist klar: Wir haben einen Fachkräftemangel in der Pflegebranche. Die Pfleger machen eine Überstunde nach der nächsten und die Bekämpfung des Fachkräftemangels in diesem existenziellen Bereich kommt nur schleppend voran. In den USA möchte man Anreize schaffen und die Pfleger würdigen, die extra arbeiten und aus dem ganzen Land nach New York City kommen, um zu helfen: Die Pfleger erhalten 100$ pro Stunde.[69] In Deutschland denkt man gar nicht daran, Anreize zu verschaffen, lieber möchte Nordrhein-Westfalen das medizinische Personal, darunter Pfleger, dazu verpflichten mitzuhelfen.[70] Ich finde das respektlos gegenüber den Menschen, die sowieso viel mehr arbeiten, als sie eigentlich müssten. Statt hier die Arbeit durch Zuschüsse zu würdigen oder auch Anreize zu schaffen mehr zu arbeiten, möchte man die Menschen noch verpflichten zu arbeiten. Hier fehlt offensichtlich der Bezug zur Realität! Statt effektiv gegen den Fachkräftemangel anzukämpfen, tut man nur das Nötigste, das rächt sich jetzt. Für mich völlig unverständlich.

Viele Stars, egal ob Musiker, YouTuber oder Comedian, sorgen für ausreichend Unterhaltung, produzieren täglich Videos, machen Livestreams oder geben Internet-Konzerte. Also auf jeden Fall ein positiver Aspekt - der Unterhaltungssektor funktioniert.

Die Wirtschaft leidet unter der aktuellen Situation: Unternehmen haben kein Geld mehr, ihre Mitarbeiter zu bezahlen und Selbständige bangen um ihre Existenz. Die Soforthilfen der Bundes- und Landesregierung waren angebracht. Ich muss sagen, dass ich überrascht war, wie schnell und unbürokratisch das Geld zur Verfügung gestellt wurde. Nicht zu vergessen ist hier, dass die Menschen, die von dem Geld profitieren, dieses auch erwirtschaftet haben. Es kann nämlich nicht sein, dass Menschen, die arbeiten gehen, um Geld bangen müssen, während Hartz 4-Empfänger ein sicheres Einkommen haben, obwohl sie nicht arbeiten. Solange man Arbeitslosengeld 2 (Hartz 4) zahlt, muss man auch Geld an die Menschen zahlen, die normalerweise arbeiten gehen.

Der Zusammenhalt funktioniert in den meisten Fällen, eine Vielzahl der Menschen halten sich an die Vorgaben der Regierung, doch spätestens nach der Krise muss die Regierung mehr tun. Sie muss für ausreichend Ausstattung sorgen, genügend Gegenstände für das Alltägliche müssen vorhanden sein, es kann nicht sein, dass man Toilettenpapier rationieren muss. Noch viel wichtiger ist es allerdings, die Krankenhäuser auszustatten und den Pflegeberuf attraktiver zu machen, sodass wir bei der nächsten Krise personell besser aufgestellt sind. Das ist ein langfristiges Thema, sollte aber gerade aus diesem Grund möglichst schnell angegangen werden.

Wenn die Krise überstanden ist, müssen Konzepte entwickelt werden, wie man in Zukunft mit solchen Pandemien umgeht. Denn wie oft und wie lange halten die Menschen es aus, in den eigenen vier Wänden zu bleiben und wie lange hält die Wirtschaft dem stand? Wie lange kann das Gesundheitssystem unter so einem Zustand funktionieren? Alles Fragen, mit denen man sich auf jeden Fall auseinandersetzen sollte! Das was dieses Mal gut geklappt hat, sollte beibehalten werden, das was nicht funktioniert hat, muss verändert werden!

# Interviews

## Julian Reichelt

Leonard Geßner: *Herr Reichelt, vielen Dank, dass Sie sich die Zeit für ein Interview nehmen. Was verbinden Sie mit der politischen Generation Z?*

Julian Reichelt: Mit der politischen Generation Z verbinde ich einen bemerkenswerten Wandel, hauptsächlich beim Thema »Klima«. Von scheinbar völlig unpolitisch, zu höchst politisch und höchst einflussreich innerhalb kürzester Zeit. Es gibt bei der Generation Z etwas, was noch keiner Generation vorher gelungen ist - die professionelle Politik, bis hin zur Führung dieses Landes, dazu zu bringen, innerhalb kürzester Zeit gegen die eigene Politik mit zu demonstrieren, was ich teilweise ziemlich schwächlich finde. Wenn man politisch für etwas einsteht und Dinge beschließt, dann muss man auch gegenüber jungen Leuten das Rückgrat haben, auch gegen den Zeitgeist Dinge zu argumentieren. Ich finde sonst hat es so sehr schnell was von Kopf tätscheln. Nach dem Motto »Wie niedlich, ihr habt ja recht«, wenn es offenkundig gegen das steht, wofür man jahrelang eingetreten ist.

Leonard Geßner: *Würden Sie sagen, die Politiker nehmen die Generation nicht richtig ernst?*

Julian Reichelt: Doch, die nehmen sie ernst. Das »ernst nehmen« wirkt teilweise wie Kopf tätscheln. Sie nehmen sie in einer Weise ernst und fürchten sie in einer Weise, dass sie eigene jahrzehntelange Überzeugungen und auch politische

Programme, die sie selbst aus tiefer Überzeugung mitgeprägt und mitgestaltet haben, über Bord werfen.

Leonard Geßner: *Sie haben gesagt, die Generation Z hat viel Einfluss. Charles Bahr sagte: »Junge Menschen haben genauso viel Einfluss wie große Tageszeitungen.« Stimmen Sie dem zu?*

Julian Reichelt: Ich weiß nicht ob ich diesen Vergleich so ziehen würde. Das eine ist ein Geschäftsmodell und sicher auch eine Säule von Demokratie in freien Gesellschaften: Tageszeitung. Das andere ist einfach nicht ein Geschäftsmodell und nicht eine Säule von Demokratie, sondern das Volk an sich. Ich glaube, dass man durchaus sagen kann, dass junge Menschen an ihren Smartphones nicht nur als Medienkonsumenten, sondern auch als Medien-Produzenten und als Content-Produzenten mindestens genauso viel Einfluss haben wie Tageszeitungen.

Leonard Geßner: *Man sagt der Generation Z nach, dass sie eine sehr optimistische Generation ist. Trübt Optimismus das politische Urteilsvermögen?*

Julian Reichelt: Ich sehe das nicht so, dass das eine sehr optimistische Generation ist. Ich habe den Eindruck, dass die Generation eher zwischen einer gewissen Gleichgültigkeit gegenüber großen politischen und gesellschaftlichen Trends und totalem Alarmismus bei anderen gesellschaftlichen Trends und Phänomenen schwankt. Zwei Beispiele: Beim Klima gibt es wahnsinnig viele hochkomplexe Problemstellungen, die nicht unbedingt dazu führen müssen, dass wir, wenn wir da nicht komplett umkehren, alle ertrinken oder dass diese Generation nicht mehr überleben oder in Wohlstand leben wird. Das kann man durchaus anders argumentieren, dass es diese Trends und Trennlinien beim Thema Klima gibt, das ist unstrittig, aber wie alarmistisch man da sein muss und ob das Haus in Flammen steht oder nicht - ich glaube darüber kann und muss man mehr diskutieren, gerade mit dieser Generation. Ich glaube nicht, dass das Haus in Flammen steht. Und da sprechen wir gerade über Menschen gewisser Jahrgänge, vor allem in gewissen Ländern, also in freien, westlichen, sehr reichen Industrieländern. Die Gleichaltrigen in Indien, Afrika und China haben deutlich andere Bedürfnisse. Die hätten in vielen Fällen vermutlich gerne noch einmal fünf Kohlekraftwerke mehr, wenn sie dafür in einer warmen Schule sitzen könnten oder wenn dafür Kindersterblichkeit sinken würde. Das Haus steht nicht beim Thema Klima in Flammen, sondern beim Thema Hunger oder Versorgung mit medizinischer Infrastruktur. Ich glaube, Optimismus ist dort angebracht, wo wir auf unser Gesellschaftsmodell und die Errungenschaften freier westlicher Gesellschaft gucken, beim Blick auf den Rest der Welt ist Realismus aus meiner Sicht deutlich sinnvoller.

Leonard Geßner: *Freut man sich denn als Journalist, wenn ein Thema wie das »Klima« so gehypt wird?*

Julian Reichelt: Freude darüber, dass ein Thema gehypt wird ist nicht meine Kategorie und meine Art zu denken. Ich glaube die Aufgabe von Journalismus ist es, die für unsere Zeit relevanten Themen, die Menschen bewegen, umtreiben, euphorisieren, deprimieren, radikalisieren, zu erspüren und zu durchdringen und nicht - auch das ist ein Phänomen was wir im Rahmen dieser »Greta-Bewegung« erleben- diesen Themen oder irgendeiner Begeisterung oder einem

Zeitgeist zu verfallen. Insofern glaube ich, wenn jemand sagt, dass wir irgendeiner Meinung oder Ideologie begeistert, schwärmerisch und rührselig hinterherlaufen, würde ich dies ganz klar dementieren.

Leonard Geßner: *Es gibt ja außer dem Klima noch andere Themen bei der die Generation Z mit der Politik aneinandergeraten ist - der Artikel 13, die Urheberrechts-reform war eines davon. Wann haben Sie denn das erste Mal davon gehört?*

Julian Reichelt: Ich war damit relativ früh befasst, weil es für unser Haus natürlich auch ein großes Thema war. Ich kann jetzt nicht genau sagen, wann ich das erste Mal davon gehört habe, aber auf jeden Fall in einer frühen Phase.

Leonard Geßner: *Hatten Sie das Gefühl, dass die Politik selbst überrascht war, was sie mit dieser Entscheidung ausgelöst hat?*

Julian Reichelt: Ich glaube die Politik war überrascht davon, welchen Professionalisierungsgrad und damit auch teilweise Propagandagrad eine sehr junge Generation inzwischen erreicht hat. Ich halte vieles von dem, was da verbreitet wurde, für inhaltlich totalen Unfug. Ich glaube das hat die Politik tatsächlich unterschätzt, wie professionell eine sehr junge Generation Online-Kampagnen fährt und was für eine Durchschlagskraft diese haben.

Leonard Geßner: *Wie informieren Sie sich denn selbst über das aktuelle politische Geschehen?*

Julian Reichelt: Mein liebster Newsfeed ist tatsächlich Twitter. Ich benutze Twitter nur sehr selten und zurückhaltend, um selbst zu kommunizieren. Ich fand, dass die Debatten, die daraus hervorgehen, erst mühsam und dann unerträglich. Also erst faszinierend und spannend, dann wurde es mühsam und dann wurde es unerträglich. Deswegen bin ich da als aktiver Teilnehmer ein bisschen raus. Ich nutze Twitter aber immer noch, um mich über das Geschehen zu informieren, weil es halt einfach der beste und globalste Newsfeed ist, den es aktuell auf der Welt gibt. Dazu gibt es natürlich viele großartige traditionelle Medienmarken. Manche lese ich auf Papier, die »New York Times« und die »Washington Post«. Das sind die einzigen beiden Zeitungen, die ich wirklich noch jeden Tag auf Papier lese und »Bild« logischerweise, wobei ich meistens vorher schon weiß, was drinsteht. Der Fernseher läuft die ganze Zeit. Ich habe natürlich eine extrem privilegierte Möglichkeit mich zu informieren, das bekommst du ja auch langsam mit und das ist ja das Tolle an diesem Beruf. Das persönliche Gespräch mit Leuten, die es wirklich entscheiden und in der Hand haben. Das finde ich die schönste Art der Information. Die eigene Recherche und das eigene Gespräch. Und ich glaube, das es für mich auch die größte Faszination immer noch an diesem Beruf ist - diesen Zugang und diese Möglichkeit zu haben. Das ist das Wesen von freien Gesellschaften und dass es aus meiner Sicht unbedingt gilt für jede Generation zu verteidigen, dass wir zu irgendwem hingehen können, du mit 15 und deinem YouTube-Kanal und ich mit 39 in dieser Position. Das ist unser Recht und es kann keiner sagen: »Hau ab oder es kommt jemand mit einem Schlagstock oder wir lassen dich verhaften!« Am Ende gewinnen wir einfach mit dem Recht und dem Anspruch darauf Auskunft zu bekommen. Und das finde ich die mit Abstand schönste Art und Weise sich zu informieren.

Leonard Geßner: *Glauben Sie, dass es in 50 Jahren noch gedruckte Zeitungen geben wird?*

Julian Reichelt: Ich glaube, dass Wirtschaftssysteme mit solchen Langzeitplänen keine guten Erfahrungen gemacht haben und wir wissen ja alle, dass eine Prognose über 20 Jahre reine Hochstapelei ist. Es mag manchmal interessant klingen, aber niemand blickt so weit in die Zukunft. Ich kann nur sagen, dass meine Überzeugung ist, dass freie Gesellschaften starken Journalismus brauchen und freier Journalismus braucht bezahlten Journalismus. Sonst lässt sich freier Journalismus nicht aufrechterhalten. Wenn wir als Branche und auch nicht nur in einem Land, sondern international an einigen Stellen die richtigen Entscheidungen treffen, wird es auf jeden Fall weitergehen. Letztendlich ist es irrelevant, ob es in der Zukunft noch gedruckte Zeitungen gibt. Wichtig ist nur die Frage »Sind Menschen weiter bereit, für Journalismus zu bezahlen?« und es ist unsere Aufgabe dafür zu sorgen, dass die Antwort »Ja« lautet.

Leonard Geßner: *Herr Reichelt, ich bedanke mich für das Interview!*

Das Interview wurde am 14. November 2019 geführt.

# Tina Hassel

Leonard Geßner: *Vielen Dank, dass Sie sich die Zeit nehmen, mir ein Interview zu geben. Was fällt Ihnen als Erstes zur Generation Z ein?*

Tina Hassel: Mich beeindruckt die Generation Z. Die ist mir jetzt nicht ganz fremd. Ich habe Kinder, die dazugehören, sehr politisch sind und engagiert und die mir sehr früh bewiesen haben, dass das nicht stimmt, was man gerne sagt: die »Jugend heute sei unpolitisch«. Und trotzdem hat mich positiv überrascht, wie quantitativ stark und wie konsequent die Generation Z bestimmte politische Anliegen in den Vordergrund spielt und vertritt.

Leonard Geßner: *»Fridays for Future« war also nur noch eine Bestätigung dafür wie politisch die Generation ist?*

Tina Hassel: Das ist eine ganz große Unzufriedenheit mit der Generation, die in Verantwortung ist - in Politik und auch in Medien - eigentlich im gesamten Establishment. Das wusste ich. Aber »Fridays for Future« hat mich dennoch überrascht. Viele hatten gesagt: »ja, das wird so eine Welle sein, so ein kurzer Hype, das können wir aussitzen und dann sind sie auch wieder weg«. Aber sie sind nicht weg und sie haben eine sehr nachhaltige Art gehabt, ihren Protest zu artikulieren. Das hat mich positiv überrascht.

Leonard Geßner: *Wie würden Sie das aktuelle Verhältnis der Generation zu den Politikern beschreiben?*

Tina Hassel: Ich glaube von der Generation Z zu den »Alten«, die hier Politik machen, gibt es eine Fassungslosigkeit, der Kommunikationskanal ist gestört. Zunächst hat man versucht, sie ein bisschen lächerlich zu machen, abzuwerten und über die Schulpflicht zu diskutieren. Als es klar wurde, das ist aber eine echte Massenbewegung und dahinter stehen vielleicht auch die Eltern und die Omas, da hat man versucht, sich ranzuwanzen. Und beides war eigentlich unschön. Ich glaube die Generation Z sieht, dass man keine gemeinsame Sprache findet und sie in Teilen immer noch nicht wirklich ernst genommen wird. Und sie erkennt, dass die Zyklen, in denen Politik gedacht wird - nämlich immer nur bis zu den nächsten Wahlen und der Frage »wer kann denn schon wählen« – sie nicht miteinschließt. Deshalb sind die, die da auf die Straße gehen, für einige Politiker im Moment erstmal nicht so interessant. Das ist natürlich viel zu kurz gegriffen und verspielt die Zukunft der Generation Z.

Leonard Geßner: *Finden Sie es nicht verständlich, dass die Politiker für die eigenen Wähler, die bei der nächsten Wahl wahlberechtigt sind, Politik machen, statt auf die Menschen zu achten, die bei der nächsten oder übernächsten Wahl wahlberechtigt sind?*

Tina Hassel: Ich denke, es ist sehr verständlich, dass ein Politiker erstmal wiedergewählt werden will und dass eine Partei möglichst stark abschneiden will, das macht man natürlich erstmal. Und zum »Geschäft« von Parteien und Politikern gehören zunächst einmal die, die massenhaft wählen gehen. Das sind nicht die jungen Wähler. Was ich aber gar nicht normal finde und was auch etwas ist, das man berechtigt der Politik vorwerfen kann ist, dass an der Schranke zur nächsten Wahl im Grunde das Denken aufhört. Und es muss doch eigentlich etwas geben, wie Zukunftsgestaltung und Prozesse, die sich eben nicht am Zyklus von Wahlen orientieren. Da erwarte ich schon - und das erwartet auch die Generation Z mit Recht - dass diese Probleme überhaupt erkannt werden, benannt werden und dann nach Lösungen gesucht wird, die weiter reichen als bis zur nächsten Wahl. Es ist überhaupt nichts Schlechtes, erstmal für sein Klientel Politik zu machen. Aber gerade Volksparteien, die noch solche sein wollen, dürfen das nicht aus den Augen verlieren. Jede politische Partei muss inzwischen überlegen »was passiert danach?« Zumal es eben begrenzte Zeitrahmen gibt, in denen man Dinge noch beeinflussen kann. Wenn man es dann nicht tut, dann kann man es danach nicht mehr beeinflussen.

Leonard Geßner: *Es gab ja nicht nur einen Konflikt beim »Klimathema«, sondern auch bei der Urheberrechtsreform, dem Artikel 13. Wann haben Sie denn das erste Mal davon gehört?*

Tina Hassel: Relativ spät, wie fast alle. Das ist so eine Diskussion, das sage ich ganz selbstkritisch, die zeigt, dass wir zu wenig Sensoren haben, für Diskussionen, die sich im Netz schon heftig anbahnen, die aber unsere lineare Welt noch nicht erreicht haben. Also konkret: wir haben das Thema relativ spät entdeckt, aber noch früh genug, das sage ich jetzt mal zu unserer Ehrenrettung, um dann ganze Sonderstrecken dazu zu machen. Auch mit sehr viel Beteiligung von jüngeren Menschen, die sich damit auskannten, die auch kontrovers diskutiert haben, denn es gab ja nicht nur die eine einfache Lösung. Wir haben dann eigentlich sehr gute Rückmeldungen bekommen, nach dem Motto »Ihr seid spät aufgewacht, aber Gott sei Dank ihr seid aufgewacht und ihr habt euch nicht schlauer gestellt als ihr wart«. Wir haben uns da auch keinen

Zacken aus der Krone gebrochen einfach mal nachzufragen und zu hören, wo denn der Schuh drückt bei dem Thema und dann Diskussionsforen eröffnet.

Leonard Geßner: *Haben Sie denn das Gefühl gehabt, dass die Politiker mindestens genauso überrumpelt gewesen sind wie Sie?*

Tina Hassel: Die haben ganz oft überhaupt nicht verstanden, um was es da geht. Wenn man jetzt mal gesamtgesellschaftlicher oder demokratierelevanter diskutiert, dann ist das natürlich ein Problem, wenn quasi auf Kanälen gesendet und empfangen wird, die völlig parallel und im Grunde ohne Kommunikation aneinander vorbeilaufen. Und umgekehrt gab es ja auch gute Gründe für die andere Sicht. Demokratie lebt davon, dass es eine Debatte gibt. Und es ist bedenklich, wenn diese Debatten sich überhaupt nicht mehr erreichen, wenn keine Diskussion mehr zu Stande kommt, außer später auf der Straße und dann mit Fingerzeigen in die jeweilige Richtung.

Leonard Geßner: *Es gab ja dann auch noch das »Rezo-Video« kurz vor der Europawahl und die CDU antwortete mit einem Faktenblatt statt mit einem Video. Hätten Sie da der CDU empfohlen, auch mit einem Video zu antworten?*

Tina Hassel: Die Antwort zeigte, wie hilflos in dem Fall die CDU war. Andere Parteien wären aber ähnlich hilflos gewesen. Es zeigt, dass die größte Pressestelle nichts nutzt, wenn man irgendwie die heutigen Tools und die sozialen Medien nicht kennt, nicht beherrscht und nicht versteht, wie man dann da antwortet. Ich bin da immer sehr selbstkritisch, weil die großen Verlage und auch die öffentlich-rechtlichen Medien ebenfalls erst langsam dahin kommen. Da haben alle irgendwie noch relativ viel Nachholbedarf. Aber was bei »Rezo« ja dahinterstand, war mehr als nur das »wir verstehen eigentlich nicht, mit welchem Medium wir kommunizieren«. Es gab eine große Empörung, bis hin zu sehr missverständlichen Ausdrücken, was man denn da verbieten müsste oder könnte. An der Stelle wird es grundsätzlicher. Ich glaube die CDU hat ihre Lektion gelernt und so einen Fehler macht man einmal.

Leonard Geßner: *Die jungen Leute haben im Moment kaum eine Möglichkeit der Politisierung zu entgehen - man merkt sofort, wenn Schüler in der Klasse fehlen und bekommt die Diskussion im Internet mit. Erwarten Sie, dass die Generation Z eine politisierte Generation wird, bei der die Wahlbeteiligung höher ist als bei Vorherigen?*

Tina Hassel: Also ich sage zunächst einmal - dieser Generation Z geht es im Moment zumindest wirtschaftlich, jobtechnisch, was ihre Perspektiven angeht, sehr gut. Das ist ein solides Fundament, auf dem man sich politisches Engagement auch leisten kann. Außerdem ist inzwischen angekommen, dass junge Wähler ganz entscheidend Dinge beeinflussen können. Bei meinen Gesprächen rund um den Brexit zum Beispiel, habe ich junge Leute erlebt, die verstanden haben, was passiert, wenn sie nicht wählen gehen und anderen das Feld überlassen. Um auf Ihre Frage zurückzukommen, ob die wirklich mehr wählen gehen - ich weiß es nicht. Ich beobachte, dass der Fokus, für den sich die jungen Menschen engagieren, sehr viel präziser ist. Man ist eben nicht in einer Partei oder ist generell politisch oder unpolitisch. Nein, die Generation Z regt sich über ganz spezielle Themen auf, engagiert sich und verliert dann aber auch schnell wieder das

Interesse oder widmet sich wieder einem anderen Thema. Ob sich das wirklich dauerhaft in einer stärkeren Wahlbeteiligung widerspiegelt, würde ich mir wünschen, bin mir aber nicht so sicher.

Leonard Geßner: *Und was hat die Generation bis jetzt am politischen Berlin verändert. Wie hat sie auf die Politik und auf die Nachrichten eingewirkt?*

Tina Hassel: Viele von den älteren Politikern wissen jetzt gar nicht mehr »Was dürfen wir jetzt noch sagen? Oder überlassen wir es jetzt besser unseren jungen, hippen Kommunikationsstrategen?«. Ich beobachte das teilweise amüsiert und teilweise etwas befremdet.

Leonard Geßner: *Bei dem größten Streik waren 1,4 Millionen Menschen auf den Straßen, das sind fast zehn Prozent der kompletten Generation Z. Den 10 Prozent wird mehr Beachtung geschenkt als den übrigen 90 Prozent...*

Tina Hassel: Also ich sage jetzt mal, das ist eine sehr beeindruckende Masse. Da kann man nicht so einfach dran vorbei gucken. Wenn Sie hier aus dem Fenster schauen - die waren überall, vor allen Ministerien, vor allen Parteizentralen, vor allen Abgeordnetenbüros. Übersehen kann man so eine Masse nicht. Aber ich glaube, was wirklich die Durchsetzungskraft bis jetzt ausmacht, ist, dass sie Seite an Seite mit der Wissenschaft gehen! Das macht es schwer diese Bewegung zu diskreditieren. Da, wo sie radikaler sind, beziehen sie sich ja auf Wissenschaft und das macht diese Bewegung so stark.

Leonard Geßner: *Würden Sie da sagen, dass Politiker mit Kindern andere Politik machen als Politiker ohne Kinder?*

Tina Hassel: Ich glaube generell, dass Politiker, je mehr sie noch im Leben stehen und je mehr sie noch überhaupt eine direkte Tuchfühlung haben mit dem, was Menschen umtreibt, bessere Politiker sind. Da helfen Kinder natürlich und da laufen auch andere Diskussionen. Wenn man schon nicht mehr weiß, was ein Päckchen Butter kostet und wenn man keine Ahnung hat, was in Schulen los ist oder was es bedeutet, wenn man Angehörige pflegen muss, oder von »Hartz 4« zu leben – dann verliert man das Gespür, den Groove, für das, was Menschen umtreibt.

Leonard Geßner: *Wie informieren Sie sich über das aktuelle politische Geschehen? Lesen Sie noch traditionell Zeitung oder eher Online-Zeitung?*

Tina Hassel: Ich bin ein totaler Junkie und lese jeden Morgen viele Zeitungen. Das große Spektrum der deutschen Presse. Aber da Deutschland zunehmend in eine ziemliche Nabelschau verfällt, und losgelöst ist von dem Diskurs, der in Europa oder auch international stattfindet, lese ich auch ausgewählte ausländische Zeitungen. Ich habe aber nur eine Zeitung in Papierform, das ist «DIE ZEIT«, alles andere lese ich morgens auf dem iPad.

Leonard Geßner: *Frau Hassel, ich bedanke mich für das Interview.*

Das Interview wurde am 14. November 2019 geführt.

# Robin Alexander

Leonard Geßner: *Vielen Dank, dass Sie sich die Zeit nehmen, mir ein Interview zu geben. Wer ist die politische Generation Z für Sie?*

Robin Alexander: Ehrlich gesagt habe ich keinen festgelegten Generationsbegriff. Ich glaube, das sind so Zuschreibungen, die von Journalisten gemacht werden, um Thesen zu stützen. Ich habe auch Kinder, einer von denen ist auch fast so alt wie Sie und ich glaube, dass es in dieser Generation sehr viel vielschichtiger ist, als es medial vermittelt wird.

Leonard Geßner: *Und gibt es Eigenschaften, an die Sie denken, wenn Sie an die Generation denken?*

Robin Alexander: Natürlich haben die eine größere Digitalaffinität, weil sie damit aufgewachsen sind, aber das ist fast eine banale Äußerung. Sie locken mich auf ein Feld, wo ich kein Fachmann bin. Ich bin ja Journalist und kein Generationenforscher, aber sicherlich ist es eine stärker »migrantisch« geprägte Generation als andere Generationen, vor allem in den Großstädten, dort fast 50%. Das verändert die Diskurse sehr, was sich aber noch nicht so abbildet, weil die Meinungsbildner alles »Biodeutsche« sind und »biodeutsche« Kinder haben.

Leonard Geßner: *Die Politik muss sich auch immer mehr mit der Generation auseinandersetzen.*

Robin Alexander: Ne, überhaupt nicht, weil die so wenige sind. Die harte Währung in der Politik sind Wählerstimmen und weil die Generation so wenige sind, kann man die ein

Stück weit vernachlässigen. Dann ist ja noch das Problem, dass diese Generation, soweit sie wahlberechtigt ist oder wird, gar nicht so viel zur Wahl geht. Deshalb werden wir in der Politik eher eine Verschiebung haben auf Ältere.

Leonard Geßner: *Finden Sie nicht, dass besonders CDU und SPD sich immer mehr zum Beispiel auf »Fridays for Future« einlassen?*

Robin Alexander: Den Klimawandel gab es vorher, den Beschluss zum Kohleausstieg gab es vorher, dann gab es ein Klimapaket, das sicher auch durch die Demonstrationen getriggert war. Es ist aber so, die bringen kein Thema, was die Politik nicht will. Die fordern ja eigentlich die Politik auf, sich mehr daran zu halten, was sie selbst propagiert. Das ist ja ein sehr relativer Protest.

Leonard Geßner: *Die Umfragen für SPD und CDU sind in letzter Zeit schlechter geworden, zumindest im Vergleich zur Bundestagswahl. Ist die Zeit der Volksparteien vorbei?*

Robin Alexander: Volkspartei heißt nicht, dass eine Partei besonders groß ist. Volkspartei heißt, dass eine Politik nicht Partikularinteressen vertritt. Das ist erstmal ein logischer Widerspruch, weil Partei und Partikular den gleichen Wortsinn haben. Denn eigentlich vertritt eine Partei per Definition Partikularinteressen. Aus der besonderen Erfahrung der Weimarer Republik, wo man diese Partikularinteressen nicht mehr zusammengekriegt hat, ist es in Deutschland entstanden, dass man gesagt hat, die großen Parteien, also Union und SPD, nicht mehr Partikularlösungen anbieten, sondern eine Lösung für das ganze Volk. Also die SPD macht nicht nur Arbeitnehmerinteressen, sondern auch Arbeitgeberinteressen und bevor sie dem Volk einen Vorschlag machen, hat man intern gerungen. Noch stärker die Union, sie hat den Anspruch, dass sie, bevor sie ihren Vorschlag machen, alle Interessensgruppen angehört haben und einen internen Ausgleich haben. So hat man im Idealfall nicht Partikularinteressen, die aufeinanderprallen im Parlament, sondern unterschiedliche Vorschläge, das Gemeinwohl aller zu gestalten. Das bricht auseinander, weil diese Parteien so sehr an Bindungskraft verlieren, weil dieses strukturelle Engagement auch nicht mehr da ist und es fehlt die weltanschauliche Klammer. Bei der Union war es das Christentum, bei der SPD Vertretung der Arbeiterschaft, das ist aber weg. Deswegen hat man ja heute, wenn Sie über Generationen sprechen wollen, vielleicht gerade in Ihrer Generation es oft, dass man nur das eigene Anliegen sieht. Die Leute haben ihr Anliegen, sind davon ganz erfüllt und wundern sich, dass man anderer Meinung sein kann und halten den dann für alt, rechts, konservativ oder böse, whatever. Dann prallen diese Dinge natürlich wahnsinnig hart aufeinander. Befeuert wird das glaube ich durch eine technologische Entwicklung, denn wenn man sich bei Social Media informiert, wird ja das bedient, wofür sie schon mal Interesse zeigten. Man trifft Leute, die sagen: »Wahnsinn, die Islamisierung droht!« und dann sagt man: »Na so viele sind es dann doch nicht und so viele Moscheen…«, »ja, aber ich lese ja nur bei Social Media davon.« Ja klar, die haben Angst vorm Islam und das funktioniert auch mit Klima oder mit so Sachen wie Stuttgart 21 - was für eine Aufregung um einen Bahnhof. Aber eine halbe Stadt dachte, es wäre das einzige Thema. Der Unterschied ist, wenn Sie eine klassische Zeitung lesen, interessiert man sich für das eine, für das andere vielleicht nicht, sie müssen das andere auch nicht lesen. Sie sehen aber, es gibt etwas anderes auf der Welt. Bei Social ist aber die ganze Zeitung nur der eine Bericht und das führt dazu, dass die Leute denken, es gibt nur mein Thema, alle sind meiner Meinung und wer das nicht sieht, der muss böse sein.

Leonard Geßner: *Das trägt dann auch maßgeblich zur Polarisierung bei!?*

Robin Alexander: Ja klar, ich überspitze jetzt mal. Ein Teil der Leute denkt, wir müssen wegen dem $CO_2$ morgen alle sterben und ein anderer Teil der Leute denkt, wir müssen morgen alle Sterben wegen der Migration. Und sie sind übereinander gar nicht sprechfähig, weil die Einen zu den Anderen sagen: »Euer Problem gibt es nicht und falls es euer Problem doch gibt, kann man sowieso nichts machen und eigentlich spinnt ihr doch alle.«

Leonard Geßner: *Laut Ihrer Definition von Volksparteien, sind die Grünen dann auch keine Volkspartei.*

Robin Alexander: Das ist jetzt sehr interessant, eine sehr gute Frage. Die Grünen haben angefangen und ich hatte immer den Verdacht, dass sie keine sind, weil sie nur dieses eine Thema haben - Ökologie. Aber neulich habe ich in meinem Podcast ein Interview gemacht mit Ralf Fücks (Bündnis90/ Die Grünen), der die schon ganz lange beobachtet, der gesagt hat: »Das stimmt nicht, die waren schon immer Volkspartei, weil sie aus ganz unterschiedlichen Leuten zusammengesetzt war. Heute arbeiten kluge Grüne daran, dass sie eine Volkspartei werden. Also die Grünen, die von links kommen, da gibt es mittlerweile Leute, die gezielt den Kontakt der Industrie suchen, auch mit den Lobbyisten, um sozusagen zu sagen: »Wir wollen nicht erst im Parlament auf eure Interessen treffen, wir wollen schon in unserer politischen Meinungsbildung mitbedenken, was ihr dazu zu sagen habt.« Das ist auch schlau, denn wenn man zum Beispiel die Autoindustrie umbauen will, ist es ganz gut, sich von den Ingenieuren erklären zu lassen, was technisch machbar ist und was nicht machbar ist, man muss es ja nicht Eins zu Eins übernehmen. Was ihnen aber ein bisschen im Weg steht ist, dass die so einen überheblichen Moralismus haben und bei einigen Positionen einfach sagen, dass ist böse oder politisch nicht korrekt. Aber wenn man die Sachen so wegdrückt moralisch, kann man sie natürlich schlecht in die Meinungsbildung mit einbeziehen.

Leonard Geßner: *Und ist die Moral auch immer mehr ein Totschlagargument bei Diskussionen?*

Robin Alexander: Ja, es gibt so einen Satz von Niklas Luhmann: »Moral ist immer ein Anzeichen für Pathologien«, also dass etwas schief ist. Soweit würde ich nicht gehen. Aber wenn Sie Politik machen, müssen Sie für möglich halten, dass der andere recht hat und Sie müssen sich in dessen Schuhe stellen. Also die chinesische Außenpolitik ist eine andere, weil die chinesischen Interessen andere sind, nicht weil die böse, Kommunisten oder Asiaten sind, whatever. Wenn man seinen eigenen Standpunkt moralisch so überhöht, dass man den anderen Standpunkt nicht mehr wahrnehmen kann, dann ist das schlecht.

Leonard Geßner: *Glauben Sie denn, dass Journalismus in Form von Meinungsjournalismus immer mehr in den Mittelpunkt rücken wird? Immer mehr Influencer engagieren sich jetzt politisch, obwohl sie vielleicht vorher Fitnessblogger waren.*

Robin Alexander: Das ist kein Journalismus.

Leonard Geßner: *Gibt es denn überhaupt Meinungsjournalismus?*

Robin Alexander: Klar, wir veröffentlichen ja auch Meinungsartikel. Ich finde es auch in Ordnung, es muss nur scharf getrennt sein. Fakten und Kommentar - wenn das getrennt läuft, ist das völlig in Ordnung.

Leonard Geßner: *Anfang letzten Jahres gingen viele Menschen auf die Straße, um gegen den »Artikel 13« zu demonstrieren. Wann haben Sie das erste Mal davon gehört?*

Robin Alexander: Als es das erste Mal im parlamentarischen Raum angekommen ist.

Leonard Geßner: *Und hätten Sie gedacht, dass das so große Reaktionen hervorruft?*

Robin Alexander: Ne, aber das ist auch nicht so mein Spezialgebiet. Aber auch da fand ich die Dämonisierung von Andersdenkenden interessant. Da gibt es diesen Europaabgeordneten Axel Voss, den muss man jetzt nicht für die hellste Kerze auf der Torte halten, aber dass der Mann gleichzeitig als der Volltrottel und von der Industrie gekauft dargestellt wurde, wurde der Sache nicht gerecht. Das ist auch so ein Ding - da gibt es eine bestimmte Vorstellung vom »Artikel 13« und die andere Vorstellung ist korrupt, böse, veraltet. So kann man keine Politik machen. Da kommen dann so Parolen wie: »Die machen das Internet kaputt«, »die haben das nicht verstanden«, dann macht man eine Riesenwelle, hat aber immer noch keine Politik gemacht.

Leonard Geßner: *Ist das ein Phänomen, was mehr auf die die jungen Menschen zutrifft oder geht das durch alle Altersgruppen?*

Robin Alexander: Gute Frage. So eine gewisse Unbedingtheit ist der Jugend immer eigen. Das ist auch völlig in Ordnung. Wobei ich, wie gesagt, davor warne, die jungen Menschen über einen Kamm zu scheren. Ich wohne in Neukölln, »Fridays for Future« hat unsere migrantischen Communities Null, Null Komma Null erreicht! Es gibt nichts, was so biodeutsch ist wie die Klimadebatte. Unsere Araber, unsere Polen haben damit nichts zu tun. Nicht mal in den Neuköllner Gymnasien, also ein Drittel der Schulen, gibt es relevant »Fridays for Future«. Es ist ein reines bürgerliches, weißes »Elitending«. Was nicht heißt, dass die nicht recht hätten oder das nicht machen dürften.

Leonard Geßner: *Welchen Einfluss hat denn das Bildungssystem auf die politische Bildung der Schüler?*

Robin Alexander: Na, prinzipiell ist es schon gut, politische Bildung zu machen. Eine gute Frage stellen, heißt sie zu beantworten.

Leonard Geßner: *Viele Lehrer unterstützen auch die Anliegen von »Fridys for Future«.*

Robin Alexander: Ja, ich habe auch den Eindruck, dass die Lehrer sehr dafür sind. Das ist auch so ein Ding, man macht eine Demonstration, die Lehrer sind dafür, die Eltern sind dafür, die Politiker sind dafür, die Journalisten sind dafür. Das heißt aber noch nicht, dass das Anliegen schlecht ist.

Leonard Geßner: *Und wie schaut man international auf die Bewegung?*

Robin Alexander: Das ist unterschiedlich, je nachdem wo sie hingucken, in den nordischen Ländern ist das zum Beispiel stark. Ich war damals mit Frau Merkel auf der UN-Woche, wo auch Greta aufgetreten ist und das Interessante war, dass der Auftritt von so einem Zug durch die amerikanischen Talkshows flankiert war. Die Amerikaner haben da erst gemerkt, dass es so etwas gibt, das war so ein reines Ostküsten-Phänomen und Greta hat dann sehr clever gezielt versucht, das über das Fernsehen und den UN-Auftritt so ein bisschen breiter zu machen. Wie weit sie damit in Amerika gekommen ist, kann ich gar nicht beurteilen, aber sicher ist das in Amerika nicht so big wie hier.

Leonard Geßner: *Sie beobachten Frau Merkel ja schon länger und sie war schon früh die »Klimakanzlerin«. Hat sie das über die Jahre verloren?*

Robin Alexander: Das ist eine Frage der Beurteilung.

Leonard Geßner: *Und wie würden Sie das beurteilen?*

Robin Alexander: Das Thema schlägt ja so Wellen und sie hat das damals angenommen medial, indem sie mit Sigmar Gabriel zum Gletscher gefahren ist und die rote Jacke getragen hat. Dann war sie immer auf diesen internationalen Konferenzen und war die Vorreiterin von harten Beschlüssen, schon als Umweltministerin. Sie hat dann als Kanzlerin auf ihrem eigenen G7-Gipfel in Heiligendamm Bush abgerungen, eine Formulierung in die Abschlusserklärung zu schreiben, dass er das Klimaabkommen nicht per se verwirft. Die Frage war immer: »Machen die Amis mit oder machen sie nicht mit?« Und sie hat in Heiligendamm Bush, mit dem sie sich ja sowieso gut verstand, dazu gekriegt, das nicht kategorisch abzulehnen, sondern eine offene Formulierung zu wählen. Auch beim G7-Gipfel in Elmau steht in der Schlusserklärung der Satz: »Wir streben die Dekarbonisierung der Weltwirtschaft in diesem Jahrhundert an.« Die Frage ist jetzt: »Glauben Sie an solche Gipfeldokumente oder sagen Sie, dass ist alles nur Lyrik?« Wir haben in Deutschland im internationalen Vergleich natürlich eine Energiewende, die ambitioniert ist, das ist Fakt. Die Frage, ob das alles super sinnvoll eingetütet wurde, darüber kann man streiten. Bei Merkel gibt es ja diese Sache mit dem Beschluss über den Atomausstieg, den rot-grün gemacht hat. Sie geht aus diesem Beschluss erstmal raus und macht eine Laufzeitverlängerung für die Kernkraftwerke mit dem Argument: »Die Erneuerbaren sind noch nicht so weit und wir brauchen die Kernkraft als Brückentechnologie, bis die erneuerbaren Energien so weit sind.« Nun hat Kernkraft extrem viele Nachteile, ein Vorteil ist aber, dass man nicht viel $CO_2$ hat. Ein halbes Jahr später fliegt Fukushima in die Luft und das Ganze wird rückgängig gemacht und was sie gerade an Laufzeiten verlängert hat, verkürzt sie radikal, noch schneller als bei rot-grün. Das ist eine Pendelbewegung, der man schlecht eine Strategie unterstellen kann. Das Spezifikum der deutschen Energiewende ist, zuerst aus der Kernkraft auszusteigen und dann aus der Kohle. Ich bin nicht der Wahnsinnsexperte für internationale Klimapolitik, ich kann mir aber vorstellen, dass das nicht viele Länder nachmachen. Denn wenn man sagt: »$CO_2$ ist das Schlimmste und da müssen wir ganz schnell runter«, dann finde ich die Reihenfolge »erst Atomkraft dann Kohle« nicht richtig einleuchtend.

Leonard Geßner: *Waren Sie überrascht, als Sie die Unterschiede bei den Erstwählern zwischen »Ost« und*

*»West« bei der Europawahl gesehen haben?*

Robin Alexander: Nein, überhaupt nicht. Ich bin mit einer Ostdeutschen verheiratet und kenne deren Familie, weiß also ein bisschen, wie es auf deutschem Land aussieht. Davon war ich nicht überrascht.

Leonard Geßner. *Gibt es denn da eine Spaltung zwischen »Ost« und »West«?*

Robin Alexander: Ich glaube, dass die junge Generation noch krasser zerfällt. Ich glaube, es gibt eine »Ost-West-Spaltung« und es gibt eine »Stadt-Land-Spaltung«, dass selbst die Jugend in Leipzig und die Jugend 30 Kilometer vor Leipzig ein komplett anderes mentales Gefühl ist. Es gibt eine Spaltung in migrantische und deutsche Milieus, dann wieder eine Spaltung zwischen den Migranten. Ich glaube, das läuft wesentlich weniger zusammen, als in früheren Generationen, weil auch diese disparaten Medien existieren. Das ist ein Zeichen unserer Zeit, dass die Öffentlichkeit zerfällt in kleine Teil-Öffentlichkeiten, weil es nicht mehr die große Erzählung gibt, die alles bestimmt. Das ist natürlich für Leute, die mit dem Netz schon aufwachsen, noch mal stärker.

Leonard Geßner: *Jungen Menschen wird auch nachgesagt, dass sie eine kürzere Aufmerksamkeitsspanne haben als ältere Menschen. Ist es da wichtig, Artikel möglichst kurz zu halten und mit reißerischen Titeln die Leser für sich zu gewinnen oder ist es gerade jetzt wichtig, nicht vom klassischen Journalismus abzuweichen und haben Sie etwas geändert, seitdem Sie Journalist sind?*

Robin Alexander: Seitdem ich Journalist bin, hat sich alles geändert. Früher gab es Print, Fernsehen und Radio, dann kam Online dazu. Heute läuft das alles zusammen. Ich mache heute Nachmittag einen Podcast, das ist Audio, früher wäre das Radio gewesen. Ich gehe ins Fernsehen, wir haben da ein Fernsehsender als »WELT«. Wenn Wahlabend ist, kommentiere ich das Wahlergebnis live auf unserem Fernsehsender. Das stellen wir dann aber auch auf unsere Website. Es gibt generell eine Tendenz, dass die Leute sich eher über Bewegtbilder die Informationen beschaffen und lesefauler werden, obwohl da auch wieder bestimmte Milieus extrem gut informiert sind und meiner Meinung nach auch besser als früher. Da ist auch wieder das Gegenteil wahr. Ich muss auch nochmal sagen, dass ich überhaupt kein Anhänger des Generationenbegriffes bin. Die 68er zum Beispiel waren, wenn es hochkommt, drei Prozent der Generation. Früher gab es eine Glotze, das heißt, Sie haben als Familie etwas geguckt. Ich habe als Kind »Wetten, dass…« geguckt, weil ich Samstag abends noch nicht raus durfte und was sollte ich da machen? Jetzt hat jedes meiner Kinder Geräte und einen eigenen Netflix-Zugang. Das heißt, mein 15-jähriger Sohn und meine 12-jährige Tochter gucken nicht dieselben Sachen. Selbst die können sich in der Generation nicht über den gleichen Stoff unterhalten. Und ich kann denen ja nicht vorschreiben, was sie gucken sollen, das verschiebt sich dramatisch. Meine Eltern gucken Tatort und können sich mit Generationsgenossen darüber unterhalten. Neulich waren meine Schwiegereltern da und sagten: »Wie ist der Kommissar in Saarbrücken?« Meine Frau und ich haben seit 15 Jahren keinen Tatort gesehen, wir wissen es einfach nicht, wir gucken lieber eine amerikanische Serie. Dieser Kommunikationszusammenhang ist zerbrochen.

Leonard Geßner: *Ist die deutsche Politik aktuell zu alt?*

Robin Alexander: Das kann man so nicht sagen.

Leonard Geßner: *Das finde ich jetzt spannend, weil viele Politiker selbst sagen, dass die Politik zu alt ist. Das sehen Sie nicht so?*

Robin Alexander: Ich würde mit solchen Dingen niemals etwas wie »jung« oder nicht »jung«, also Wertvorstellungen verknüpfen, das wird der Sache nicht gerecht. »Ist Frau Merkel zu alt?«. Was wäre das Kriterium dafür?

Leonard Geßner: *Gibt es denn dann »zu jung« im politischen Bereich?*

Robin Alexander: Na ja, früher gab es die Vorstellung, dass jemand, der in den Bundestag einzieht, schon Lebenserfahrung haben sollte. Die Idee war: Wer im Bundestag ist, repräsentiert ja seinen Wahlkreis und muss ungefähr verstanden haben, was die Leute dort bewegt und die Idee war, dass jemand, der 50 ist und vielleicht schon 20 Jahre gearbeitet hat das besser versteht, als jemand, der 20 ist und noch nicht so viel Zeit hatte Erfahrungen zu sammeln. Um Leute zu repräsentieren, muss man sie erstmal kennen. Heutzutage argumentiert man eher mit Diversität, dass man sozusagen, Frauen, Migranten, Junge und sonst was abbildet. Dadurch kommen sehr, sehr junge Leute in den Bundestag. Zum Beispiel Jens Spahn, der war 20 als er in den deutschen Bundestag eingezogen ist. Philipp Amthor ist 26 und es gab auch mal eine Grüne, die war ganz jung. Da finde ich, dass es teilweise ein bisschen schnell geht. Da gibt es Begabungen bei Menschen, die zum Beispiel alles sehr schnell aufnehmen und das super hinkriegen. Aber ich finde, Erfahrung ist nicht prinzipiell abzulehnen. Ein Ostdeutscher Dramatiker sagte mal: »Erfahrung kann nur blind machen!« Das ist natürlich das Gegenargument, dass man das Aktuelle nicht mehr sieht, weil man denkt, das haben wir schon immer so gemacht.

Leonard Geßner: *Herr Alexander, ich bedanke mich für das Interview!*

Das Interview wurde am 16. Januar 2020 geführt.

# Eva Schulz

Leonard Geßner: *Vielen Dank, dass du dir die Zeit nimmst, mir ein Interview zu geben. Wer ist für dich die politische Generation Z?*

Eva Schulz: Erstmal weiß ich, dass ich nicht mehr zur Gen Z gehöre (lacht). Ich verbinde damit also eher die »Fridays for Future« Aktivisten und Aktivistinnen.

Leonard Geßner: *Was hat »Fridays for Future« denn mit dem Verhältnis der Gen Z zur Politik zu tun?*

Eva Schulz: Ich glaube, dass die Bewegung tatsächlich einen ganz großen Teil der Generation politisiert hat und gezeigt hat, dass man auch als junger Mensch Einfluss nehmen kann. Auf meinem Schulhof ging es damals relativ unpolitisch zu und als ich jetzt mal bei »Fridays for Future« gedreht habe, habe ich mich mit 15- und 16-jährigen Teilnehmern und Teilnehmerinnen gesprochen und war total beeindruckt und gleichzeitig ergriffen, weil ich gedacht habe, ich bin hier live dabei, während einige von ihnen politisiert werden. Für mich ist die Organisation aktuell das stärkste Beispiel dafür, wie diese Generation politisiert wird. Zudem zeigt es, dass die Leute, die da auf die Straße gehen, nicht nur an sich selbst denken und daran, was Politik für sie tun kann, sondern viel nachhaltiger, auch für nachkommende Generationen. Das ist etwas, was die aktuelle Generation der Politikerinnen und Politiker leider gar nicht so im Fokus hat.

Leonard Geßner: *Also die Vorurteile vieler Menschen: »Das sind doch nur Schulschwänzer!«, »die setzen sich gar nicht für das Thema ein« usw. sind unberechtigt. Die Schüler sind da, um für das Thema zu protestieren?*

Eva Schulz: Ich glaube, dass diese Vorurteile am Anfang so ein Spin waren, um die Bewegung klein zu halten. Aber ich würde sagen, dass die allermeisten begriffen haben, dass das quatsch ist und man sie ernst nehmen muss. Inzwischen würden die wenigsten Politikerinnen und Politiker noch von Schulschwänzern reden, weil sie sehen, dass da etwas hinter ist. Die Organisation hat gerade in Deutschland ihr einjähriges Jubiläum gefeiert und ich finde, das spricht für sich.

Leonard Geßner: *Es wird immer wieder von der »Polarisierung« in Deutschland gesprochen. Ist das dem Klimathema geschuldet oder ist das anders fundiert?*

Eva Schulz: Ne, in meiner Wahrnehmung gab es das Klimathema zwar schon immer, aber ich würde sagen, dass es in den letzten 12 Monaten erst so richtig groß geworden ist, aber die Polarisierung als Thema ist schon älter. Und das Klimathema finde ich insofern interessant, als dass es Populistinnen und Populisten gar nicht so leicht fällt, das für ihre Zwecke zu verdrehen, weil es halt uns alle bedroht, egal wo wir politisch stehen. Wenn 99% der Wissenschaftlerinnen und Wissenschaftler sagen, dass ist ein Problem und wir handeln jetzt schon viel zu spät, dann gibt es da wenig Spielraum zu widersprechen. Das schaffen gerade rechtspopulistische Parteien und Bewegungen auch immer wieder, aber ich würde sagen, die Polarisierung ist in anderen Themenfeldern viel stärker.

Leonard Geßner: *Bei dem größten Klimastreik waren 1,4 Millionen auf der Straße, das wären ca. 10% der gesamten Anhänger der Generation Z. Trotzdem ist es ja so, dass man merkt, wenn Leute in der Klasse fehlen, wenn die Instagram-Profilbilder sind ändern und so weiter. Ist es da überhaupt möglich, einer Polarisierung zu entgehen?*

Eva Schulz: Das kannst du besser sagen. Ich bin zu Beispiel nicht sicher, inwiefern das durch alle Bildungsschichten geht und alle mitnimmt. Ich habe bei meinem Dreh zum Beispiel junge Frauen getroffen, die gerade eine Ausbildung machen. Das ist ja eines der Vorurteile: dass nur sehr junge und sehr gebildete Menschen zu den Demos gehen würden, Gymnasiastinnen und Gymnasiasten. Ich wäre da nicht so vorschnell, aber das könnte eine Erklärung sein, warum nicht elf Millionen Menschen auf der Straße sind, sondern »nur« 1,4 Millionen.

Leonard Geßner: *Glaubst du denn, dass es dazu führt, dass es eine höhere Wahlbeteiligung bei jüngeren Menschen gibt?*

Eva Schulz: Ja, das hat man ja bei der Europawahl auch schon gemerkt, dass da durch das Rezo-Video und auch durch Themen wie »Uploadfilter« und »Urheberrecht«, dass da die jungen Leute eben unter anderem durch YouTuberinnen und Youtuber gesehen haben, warum diese Wahl relevant ist.

Leonard Geßner: *Ich finde spannend, dass du auch »Rezo« ansprichst. Charles Bahr sagte zum Beispiel, dass er glaube, das kein einziger sein Wahlverhalten durch »Rezo« geändert hat.*

Eva Schulz: Ich glaube, dass insbesondere junge Leute, die sich im Vorfeld noch gar nicht so intensiv damit auseinandergesetzt hatten, was und ob sie wählen wollen, durch das Video beeinflusst wurden. Ich kann mir vorstellen, dass beides passiert ist, also dass Rezo Leute mobilisiert hat überhaupt zur Wahl zu gehen und er dafür gesorgt hat, dass die wenigsten Leute, die Rezo vertrauen, noch die CDU gewählt haben werden. Er wird sicher der Union junge Wählerinnen und Wähler weggenommen haben.

Leonard Geßner: *Die Satire-Partei »DIE PARTEI« hat unter den Erstwählern fast 10% der Stimmen erhalten. Findest du es problematisch, dass so viele Menschen eine Satire-Partei wählen?*

Eva Schulz: Ich finde es problematisch insofern, da es zeigt, wie wichtig Öffentlichkeitsarbeit heutzutage ist. Denn darin ist die DIE PARTEI richtig gut. Mit Nico Semsrott so einen jungen Kopf vor die Kamera zu stellen, damit haben die vieles richtig gemacht. Mit Inhalten wie denen von Nico erreichen sie vor allem junge Leute, davon können die anderen Parteien auf jeden Fall was lernen. Nichtsdestotrotz sehe ich persönlich es kritisch eine Satire-Partei zu wählen. Da muss man reflektieren, wie das der Demokratie nützt oder schadet. Mit der Frage bin ich selbst auch noch nicht weiter und ich fand es spannend, da mit dem PARTEI-Abgeordneten Nico (Semsrott) im Podcast von »Deutschland3000« jemanden zu interviewen, der das sehr ernst nimmt – was ja an sich schon ein Witz ist. Er will ja den Leuten zeigen, was in der EU schiefläuft, und ich bin gespannt, ob er es auch schafft, den jungen Leuten aufzuzeigen, warum es problematisch sein kann, ihn zu wählen.

Leonard Geßner: *68% der Jugendlichen unterstützen die Aussage, dass man »nichts Schlechtes über Ausländer sagen darf, ohne gleich als Rassist beschimpft zu werden.« Trägt das dazu bei, dass die Parteien »am Rand« häufiger gewählt werden?*

Eva Schulz: Das finde ich auch total schade, wenn junge Leute das Gefühl haben, dass sie nicht offen über ihre politischen Ansichten sprechen können, weil da natürlich auch immer die Gefahr ist, dass sich Menschen und Ansichten im Verborgenen radikalisieren. Wenn Leute sich zum Beispiel denken: »Oh, ich habe jetzt eine konservative Meinung, bis hin zur rechten Neigung und gehe dann aber ins Internet und lande dann auf YouTube in so einem »Verschwörungs-Strudel«, statt auf dem Schulhof darüber zu sprechen und dort mit den Freunden aktiv Argumente auszutauschen, was die Meinungsbildung anregen würde. Ich glaube auch, dass sich das Gefühl verstärkt hat: »Oh Gott, was darf ich heute eigentlich noch sagen?«. Ich finde, man sollte möglichst Viel sagen dürfen und selbst, wenn das über demokratische Grenzen hinausgeht, muss es ja irgendjemanden geben, der das wieder einfängt und einordnet. Deswegen würde ich mir wünschen, dass Leute mehr über ihre politischen Ansichten sprechen. Und das finde ich natürlich schade, dass besonders junge Menschen dieser Auffassung sind.

Leonard Geßner: *Was machst du besonders vor der Kamera anders als traditionelle Journalisten?*

Eva Schulz: Also als wir angefangen haben, bin ich von manchen traditionellen Journalisten dafür kritisiert worden: »Boah, warum muss die sich jetzt vor die Kamera stellen?« Alleine die Tatsache, dass ich mein Gesicht dafür hergebe, wurde schon als zu subjektiv betrachtet. Ich habe aber in meiner eigenen Mediennutzung die Erfahrung gemacht, dass es mir hilft, wenn da eine Persönlichkeit steht, mit der ich mich identifizieren kann. Zudem traue ich mich, Haltung zu beziehen und mit einer Meinung rauszugehen, ohne dass wir suggerieren, das wäre die einzig Richtige, im Gegenteil - wir versuchen ja ganz oft zu provozieren, damit sich Leute an uns reiben. Denn in dem Moment wo du denkst: »OK ich sehe das Argument, aber ich hätte jetzt hier noch eins, was dagegenspricht.« Da fängt man an, sich selbst eine Meinung zu bilden. Da passieren auch in den Kommentaren dann ganz oft konstruktive Debatten und Diskussionen, wo Leute ihre Erlebnisse teilen und eigene Perspektiven und Argumente einbringen. Das funktioniert insbesondere bei den jungen Leuten, die so vielen Bloggern und Influencern folgen, besser.

Leonard Geßner: *Glaubst du, dass bezahlter Journalismus in Zukunft Probleme bekommen wird?*

Eva Schulz: Zahlst du für Netflix oder Spotify?

Leonard Geßner: *Ich habe zum Glück ein Familienabo (lacht).*

Eva Schulz: Du bist also schon vertraut damit, für Inhalte zu bezahlen. Jugendliche da hin zu bekommen, Geld für Online-Dienst auszugeben, das versuchen die meisten schon gar nicht mehr. Ich kann mir schon vorstellen, dass deine Generation da reinwächst und zum Beispiel denkt: »Ah, ich möchte bei der einen Netflix-Serie mitreden oder ich krieg diesen einen, richtig deepen Journalismus nur, wenn ich dafür auch bereit bin zu zahlen.« Und es sind ja Leute bereit, für Netflix, Amazon Prime, Spotify und Co. zu bezahlen. Es gibt ja auch ganz viele YouTuberinnen und YouTuber, die durch Spendendienste Geld sammeln, und da machen ja auch genug junge Leute mit. Insofern sehe ich schon eine Chance dafür, dass diese Nutzer- und Konsumentengruppe in das Bezahlen reinwächst. Aber Geld für Journalismus zu bekommen, ist wahrscheinlich schon ein bisschen schwieriger als vor 20

Jahren.

Leonard Geßner: *Es gibt ja Promis, die äußern sich politisch und andere nicht. Du sagst ja, du könntest einen Teil deiner Zielgruppe verlieren, wenn du deine Meinung zu sehr in den Mittelpunkt stellst. Glaubst du nicht, dass Stars auch Angst haben, Leute zu verprellen?*

Eva Schulz: Ja klar. Darüber habe ich mich zum Beispiel mit dem Popsänger Mark Forster bei »Deutschland3000« ausgetauscht. Er sagt, dass wahrscheinlich Wählerinnen und Wähler von allen Parteien auf seinen Konzerten seien, und wenn er dann sage: »Die eine Partei ist scheiße, dann stehe ich dazu.« Das hat er jetzt so nicht gesagt, aber natürlich hat das einen ökonomischen Grund bei vielen Künstlerinnen und Künstlern, weil sie die Leute nicht verprellen wollen. Was ich dann aber spannend fand, dass er gesagt hat, dass seine Konzerte der Ort sind, wo sich alle dann treffen können. Da hat er schon einen Punkt, einfach weil das auch einen gesellschaftlichen Wert hat. Er ist mir da so ein bisschen ausgewichen, ich finde trotzdem, dass er zu manchen Themen stärker Stellung beziehen könnte, und er war dann so bescheiden und sagte: »So einen Einfluss kann ich nicht nehmen.« Aber alleine an den Rückmeldungen, die wir da gerade kriegen, sehe ich, dass er schon sehr einflussreich sein könnte, wenn er wollte.

Leonard Geßner: *Vielen Dank für das Interview!*

Das Interview wurde am 17. Dezember 2019 geführt.

# Mirko Drotschmann

Leonard Geßner: *Vielen Dank, dass du dir die Zeit nimmst, mir ein Interview zu geben. Wer ist für dich die politische Generation Z?*

Mirko Drotschmann: Ich tue mich ein bisschen schwer damit, mit diesem Generationsbegriff zu arbeiten. Damit suggeriert man, dass Menschen einer Altersgruppe gleich denken, auf die gleiche Art und Weise ticken und das Gleiche machen. Gerade diese Generation ist sehr heterogen und nicht so homogen, wie das so ein Generationsbegriff gerne suggeriert. Wenn man jedoch jemanden mit dem Begriff der Generation Z in Verbindungen bringt, eher die Intellektuellen, die Angehörigen höherer Bildungsschichten und wenn man da von einer politischen Generation Z sprechen wollte, dann würde ich die Menschen, die gerade Abitur machen oder gemacht haben, politisch interessiert sind und sich, im Unterschied zu den vorangegangen Generationen, für ihr Anliegen einsetzen, nennen.

Leonard Geßner: *Wie sieht das denn in Bezug auf die neuen Medien aus? Heute kann jeder ein YouTube-Video hochladen, sich ziemlich einfach eine Website bauen und so auch seine Meinung äußern.*

Mirko Drotschmann: Jeder kann heute seine Stimme erheben und kann damit, und das ist das Entscheidende und der große Unterschied zur vorangegangen Generation, eine Reichweite erzielen. Man konnte früher z.B. in Foren Dinge schreiben, aber nicht eine so große Reichweite erzielen. Das ist auf jeden Fall etwas Neues und hat auch die Politik zum Nachdenken gebracht. Wenn man ehrlich ist, wird über junge Menschen, die demonstrieren und sich für etwas einsetzen, wohlwollend berichtet. Wenn die jungen Menschen jetzt Hunderttausende Wahlberechtigte übers Netz erreichen oder wie »Rezo«, sogar Millionen, ist da auf jeden Fall eine Reichweite, mit der man Einiges bewegen kann.

Leonard Geßner: *Würdest du das Wahlalter denn herabsetzen?*

Mirko Drotschmann: Auf jeden Fall. Es ist auch nicht rational erklärbar, warum man bei manchen Landtagswahlen schon mit 16 wählen darf und bei der Bundestagswahl erst ab 18. Eine Landtagswahl und die Bundestagswahl erfordern beide, dass man sich mit politischen Themen und Programmen auseinandersetzt, insofern finde ich, dass man ab 16 auf jeden Fall bei allen Wahlen wählen dürfen sollte.

Leonard Geßner: *Warst du überrascht, in wie kurzer Zeit, »Fridays for Future« gewachsen ist und Einfluss genommen hat?*

Mirko Drotschmann: Ja, ich war schon überrascht, wie schnell es ging und dass eine junge Frau so große Wirkung erzielen konnte. Ich glaube aber auch, dass viele schon eine Weile spüren, da läuft etwas schief, die Zukunft wird uns verbaut und wir können nichts dagegen machen. Die Initialzündung haben viele dann dankbar angenommen. Ich war auch überrascht, dass es in wenigen Monaten zu einer so großen und vor allem gut organisierten Bewegung geworden ist. Dass sich so etwas letztendlich formiert hat, hat mich nicht so sehr überrascht und das Thema überhaupt nicht, weil es das Thema ist, was am nächsten liegt. Wobei ich mir wünschen würde, dass junge Menschen auch bei den großen Themen auf die Straße gehen, die unseren Sozialstaat herausfordern, allemvoran das Rentensystem, aber natürlich auch der Unterschied zwischen »arm« und »reich«.

Leonard Geßner: *Die Politik wirkte etwas überfordert, wie schnell die Organisation gewachsen ist und ich habe gehört, dass die Politik sich da bei einigen Influencern mal umgehört hat. Wurdest du auch kontaktiert?*

Mirko Drotschmann: Ja, das war aber vor allem nach dem »Rezo-Video« so. Nicht nur Parteien, auch Bundesministerien haben sich bei mir gemeldet und gefragt: »Was können wir denn machen? Wie können wir junge Menschen erreichen? Wie können wir verhindern, dass nochmal so etwas passiert?« Ich habe dann immer gesagt, dass ich kein Politikberater bin, sondern Journalist und dass ich auch nur sagen kann, was meiner Meinung nach schiefläuft - dass einfach die Themen der jungen Menschen lange ignoriert wurden, dass junge Menschen zu lange belächelt und nicht ernst genommen wurden. Ich fand das schon interessant, wie plötzlich alle größeren Parteien und Ministerien händeringend nach Lösungen gesucht haben.

Leonard Geßner: *2019 ist politisch, besonders für die jungen Menschen, Einiges passiert, angefangen mit der Urheberrechtsreform. Wann hast du denn das erste Mal vom »Artikel 13« gehört?*

Mirko Drotschmann: Gehört habe ich relativ früh davon, aber ich habe die Wirkung am Anfang auf jeden Fall unterschätzt. Ich dachte einfach, dass ist eines der typischen Netzthemen, die sehr speziell sind und sehr viel juristisches Fachwissen benötigen. Diese große Protestwelle, die sich da angebahnt hat und dieses Ausmaß habe ich zum ersten Mal erfasst, als dieses Video des YouTube-Kanals »Wissenswert« online gegangen ist, was so viele Aufrufe hatte.

Leonard Geßner: *Wusstest du vor dem »Rezo-Video«, dass etwas kommt oder warst du genauso überrascht, wie alle anderen?*

Mirko Drotschmann: Er hat es ja in den sozialen Netzwerken kurz vorher angekündigt, mehr wusste ich auch nicht. Überrascht war ich auch über das Video, aber vor allem von der großen Resonanz, die das Video bekommen hat. Er hat ja vorher schon einmal über einen YouTube-Kanal ein »Zerstörungsvideo« gemacht und hat da wahrscheinlich so ein bisschen Blut geleckt und sich gedacht: »Jetzt drehe ich das ganz große Rad« (lacht). Und er hatte damit Erfolg. Ohne mit ihm gesprochen zu haben, glaube ich aber, dass er sich gewünscht hätte, dass das Video nicht so viel Aufmerksamkeit bekommen hätte, wie es letztendlich bekommen hat.

Leonard Geßner: *Die Politik hat auch dort lange gebraucht bis eine Reaktion kam. Hast du denn gedacht, als das Video 3-4 Millionen Aufrufe hatte, dass man noch die 16 Millionen Aufrufe erreicht?*

Mirko Drotschmann: Ich dachte, dass es sich so bei 5 Millionen Aufrufen irgendwann einpendelt, aber 16 Millionen sind natürlich unfassbar. Das ist ungefähr jeder fünfte Deutsche, der dieses Video gesehen hat, wobei die Wenigsten es wahrscheinlich bis zum Ende geguckt haben. Die hohe Zahl hatte wahrscheinlich niemand erwartet, auch die angesprochenen Parteien nicht. Paul Ziemiak bezeichnete das Video anfangs noch als populistisch und zwei Tage später sagte er, dass man es ernst nehmen müsste, was »Rezo« da sagt. Da merkt man auch, dass die gestiegene Reichweite das Video anders gewichtet.

Leonard Geßner: *Hast du es denn ganz gesehen?*

Mirko Drotschmann: Ja, ich habe es ganz gesehen, besser gesagt gehört, auf einer etwas längeren Autofahrt. Ich habe mir später noch die Statistiken angeguckt, natürlich als ich nicht mehr Auto gefahren bin (lacht). Ich finde, man hätte es auch ein bisschen kürzer gestalten können.

Leonard Geßner: *Es wurde ja öfter kritisiert, dass nicht sauber recherchiert wurde oder dass Einiges verkürzt dargestellt wird. Hattest du den Eindruck auch oder war es richtiger Journalismus, den er gemacht hat?*

Mirko Drotschmann. Ich finde es schwierig, wenn man journalistische Maßstäbe an ihn anlegt. Er ist ja kein Journalist und hat das auch nicht von sich behauptet. Er hat sich natürlich bei Stilmitteln des Journalismus bedient und viele junge Leute sind mit dem Eindruck aus dem Video gegangen, dass das ein journalistischer Inhalt war. In der Hinsicht finde ich es dann schon problematisch, dass er jemandem viele Vorwürfe macht und ihm keine Möglichkeit zur Stellungnahme gibt. Manche Dinge sind ein bisschen verkürzt dargestellt, sehr zugespitzt und gewisse Dinge, die man hätte erwähnen sollen, wurden ausgelassen. Gerne wurde auch auf das Stilmittel der Quelle zurückgegriffen, um vermeintlich Tatsachen zu schaffen, also zu sagen »es ist so und so und ich habe dafür diese Quelle«, das finde ich ein bisschen schwierig. Eine Quellenkritik hat in dieser Form im Video auch nicht stattgefunden, das ist zumindest mein Eindruck. Also journalistisch gesehen hatte das viele Schwächen, aber insgesamt muss ich sagen habe ich mich schon gefreut, dass jemand mit dieser Reichweite über wichtige politische Themen spricht. Gerade auch, weil Außenstehende gesehen haben, dass YouTube politisch eine Relevanz hat.

Leonard Geßner: *War die Antwort der CDU angemessen?*

Mirko Drotschmann: Aus ihrer Sicht sicherlich und da muss man fairerweise auch sagen, die CDU ist eine Partei, deren Durchschnittsalter weit über dem liegt der Zuschauer von »Rezo«. Es wäre sicherlich nach hinten losgegangen, mit einem Video zu antworten. Das Stilmittel der Partei ist es dann vielleicht, mit einer PDF-Datei zu antworten, in der ausführlich Stellung bezogen wird. Die PDF-Datei kam zu spät und das Klima war schon vergiftet - das Kind war in den Brunnen gefallen. Wenn Philipp Amthor jetzt wirklich mit einem Video geantwortet hätte, was er offensichtlich gedreht hatte, wäre das womöglich noch mehr nach hinten losgegangen.

Leonard Geßner: *Wenn ich mich mit anderen Menschen unterhalten habe, habe ich oft gehört, dass es ärgerlich ist, dass die CDU das Video nicht veröffentlicht hat, da man sicher ein gutes Video gehabt hätte, was das Ganze etwas entschärft hätte.*

Mirko Drotschann: Ich glaube, es wäre von den meisten wie so ein Spiel wahrgenommen wurden. Das hätte man dann als so ein Battle gesehen und es wäre gar nicht mehr um die Argumente gegangen, sondern nur darum, wie Herr Amthor sich präsentiert und ob er coole Punchlines hatte, das hätte ich schwierig gefunden.

Leonard Geßner: *Man sagt Jugendlichen eine kürzere Aufmerksamkeitsspanne nach als älteren Menschen. Um viele Aufrufe zu generieren und viel Aufmerksamkeit zu bekommen wird auf YouTube oft mit Clickbait gearbeitet. Arbeitest du damit auch und glaubst du, dass das auch immer wichtiger für den traditionellen Journalismus wird?*

Mirko Drotschmann: Auf YouTube muss man natürlich mehr auffallen als an anderer Stelle. Dazu gehören Thumbnails, die auf den ersten Blick zeigen, was in dem Video thematisiert wird, dazu gehören Titel, die die Leute ansprechen. Ich sage immer: »Für mich ist so eine Mischung aus Schulbuch-Überschrift und BILD-Schlagzeile, das ist dann der perfekte YouTube-Titel.« Man sollte aber weder mit dem Thumbnail, noch mit dem Titel, Erwartungen wecken, die man nicht erfüllen kann. Gerade im politischen Bereich sollte man nicht zu sehr mit Emotionen arbeiten. Das fände ich auch schwierig, wenn zusätzlich dazu, dass es fast nur um Personen und wenig um Sachpolitik geht, künftig auch noch mehr auf Emotionen gesetzt wird.

Leonard Geßner: *Wie informierst du dich über aktuelles politisches Geschehen?*

Mirko Drotschmann: Ehrlich gesagt, fast gar nicht mehr klassisch, außer vielleicht mal die Fernsehnachrichten. Ich weiß nicht mal mehr, wann ich die letzte Zeitung in der Hand hatte. Inhaltlich konsumiere ich die Inhalte schon, aber online. Den Spiegel lese ich auf dem Tablet regelmäßig und ansonsten klicke ich mich durch diverse Online-Medien und habe das Privileg, bei Veröffentlichungen der Nachrichtenagenturen reingucken zu können. Aber mein liebstes Informationsmedium ist das Radio. Ich bin schon ganz lange ein großer Radio-Fan. Das Tolle ist, dass du zwei Sachen gleichzeitig machen kannst - du kannst z.B. Autofahren und dich gleichzeitig informieren. Ich höre hier oft das Deutschlandradio oder hr-info. Aber ich informiere mich auch immer mehr über Dienste wie Twitter, über die man auf dem neusten Stand gehalten wird. Ich könnte mir auch vorstellen, dass es irgendwann so etwas wie Spotify für Journalismus gäbe, also viele Zeitungen und Magazine in einem Abo. Das würde glaube ich auf eine große Nachfrage stoßen.

Leonard Geßner: *Wie bewertest du die Kommunikationskultur im Internet, speziell die der jüngeren Menschen?*

Mirko Drotschmann: Angela Merkel sagte mal: »Das Internet ist für alle Neuland« und dann wurde sie sehr ausgelacht dafür. Ich finde zum Teil zu recht, aber zum Teil auch zu unrecht. Wenn man sich mal den Stand der Kommunikation im Netz anschaut, sind wir tatsächlich noch im Neuland unterwegs, wir haben noch nicht gelernt, wie wir miteinander umgehen und umgehen sollten, weil viele anonym im Netz unterwegs sind, da spricht nichts dagegen, aber es ist einfach eine neue Form. Das gab es in dieser Weise früher noch nicht. Wenn ich mich mit jemandem auf der Straße unterhalten habe, hat man natürlich gesehen, wie jemand aussieht und es wird noch eine ganze Weile dauern, bis wir da auf einem guten Level sind, was Kommunikation angeht. Für die Jugend sehe ich das nochmal speziell, weil sie in einer Welt aufwachsen, wo es um Likes geht und darum, sich zu behaupten, um Zerstörung von anderen und gerade im jungen Alter ist man ja sowieso von Selbstzweifeln zerfressen und das macht natürlich auch was mit einem, so einem Druck ausgesetzt zu sein und hat letztendlich auch Einfluss auf die

Kommunikation. Wahrscheinlich wäre es sehr heilsam, wenn wir, wie es in den 70ern den autofreien Sonntag gab, einen internetfreien Tag im Monat machen würden. Das ist natürlich eine utopische Idee (lacht).

Leonard Geßner: *Du gehst aber davon aus, dass sich das bessert?*

Mirko Drotschmann: Wenn man sich die Entwicklung der Menschen anschaut, gab es immer eine Entwicklung nach oben und ich bin guter Dinge, dass es in dem Fall auch so ist. Alles andere wäre auch sehr tragisch. Ich hoffe, dass die Jungen sehen, dass die Alten es verbockt haben und es dann besser machen.

Leonard Geßner: *Vielen Dank für das Interview!*

Das Interview wurde am 21. Januar 2020 geführt.

# Philipp Amthor

Leonard Geßner: *Vielen Dank, dass Sie sich die Zeit nehmen, mir ein Interview zu geben. Wie schauen Sie heute auf das „Rezo-Video" zurück?*

Philipp Amthor: Aus der ganzen Debatte haben wir Einiges gelernt. Sie hat uns hart getroffen, vor allem bei der Europawahl. Unser schlechtes Abschneiden war eine Melange aus verschiedenen Dingen, gerade bei der jungen Generation. Da war das Klimathema, bei dem wir lange nicht zu einer einheitlichen Sprache gefunden haben, da war die Debatte um die EU-Urheberrechtsreform und „Rezo" war dann sozusagen noch das „i-Tüpfelchen". Eigentlich hat es gezeigt, dass alle Parteien Schwierigkeiten haben, auf solche Influencer-Kritik zu reagieren. Wir standen damals zwar besonders im Rampenlicht, wir sind aber auch diejenigen, die am meisten daraus gelernt haben. Ich finde, die CDU hat jetzt eine sehr gute Social Media-Strategie und wir haben auch eine gesunde Portion Selbstironie, zum Beispiel als „Greenpeace" uns das „C" geklaut hat und wir nur gesagt haben: „Behaltet´s, vielleicht entfaltet es heilsame Wirkung." Ich habe mich jetzt auch auf Instagram angemeldet und mir macht es viel Freude und es ist ja auch nicht ganz ohne Erfolg geblieben. Deswegen würde ich sagen, hat das bei uns allen einen Lerneffekt ausgelöst.

Leonard Geßner: *Viele Menschen waren enttäuscht, dass das Video letztendlich nicht veröffentlicht wurde, weil der Teaser gut war. Wie kam es dazu, dass das Video nicht veröffentlicht wurde?*

Philipp Amthor: Zu allererst ist das ein Video der CDU und nicht „mein" Antwort-Video. Ich war zwar nicht unmittelbarer Adressat, habe mich aber natürlich trotzdem geärgert. Dann wurde die Bitte an mich herangetragen, ob ich darauf nicht reagieren könne mit einem Antwort-Video. Wir haben uns aber letztlich aufgrund der Dynamik des Tages entschieden, es nicht zu veröffentlichen. Alle hatten sich ja inzwischen darauf gefreut, als wäre es der Boxkampf zwischen Muhammad-Ali und seinem Kontrahenten. Inhaltlich und von der Art her war das Antwortvideo gut und auch die Resonanz auf die kleinen Ausschnitte war sehr positiv. Wir haben letztlich aber gesagt, dass wir vor der Europawahl auf andere Themen setzen wollen.

Leonard Geßner: *Dürfen wir denn noch hoffen, dass das Video veröffentlicht wird?*

Philipp Amthor: Die Hoffnung stirbt immer zuletzt (lacht). Vieles aus dem Video ist mittlerweile natürlich auch inhaltlich schon in der Öffentlichkeit ausgewertet worden. Ich habe ja nicht nur mit einer pauschalen Kritik und ein paar Sprüchen reagiert, sondern inhaltlich auch eine Antwort auf die Vorwürfe in dem Video gegeben. Zum Beispiel war die Aussage: »Unionsgeführte Bundesländer würden am wenigsten Geld für Bildung ausgeben.« Zur Realität gehört aber auch, dass die unionsgeführten Länder die Erfolgreichsten in der Schulpolitik sind, das zeigen die Studien. Oder als in dem Video auf die Außenpolitik geschaut wurde und die Amerikaner groß kritisiert werden, aber über Russland und den sogenannten „Islamischen Staat" kein Wort verloren wird. Das sind Aspekte, mit denen ich mich auch detailliert auseinandergesetzt habe. In den Diskussionen sind wir auch jenseits der Ansprache von „Rezo" immer sprechfähig. Ich habe daher gesagt, bei mir auf dem Instagram-Channel gibt es neue Videos und keine „alten Videos".

Leonard Geßner: *Wie würdet ihr heute auf so eine Situation reagieren, falls es nochmal ein „Zerstörungsvideo" gibt?*

Philipp Amthor: Ich würde schon sagen, dass wir daraus gelernt haben und wissen, dass es möglichst schnell gehen und eine einheitliche Sprache geben muss, d.h. eine Antwort auf derselben Ebene. Das von uns veröffentlichte PDF ist ja viel geschmäht worden, inhaltlich ist es aber ziemlich gut. Man muss aber einfach bestmöglich mit gleichen Mitteln reagieren können.

Leonard Geßner: *Spätestens nach der extrem hohen Aufmerksamkeit für das „Rezo-Video" sind viele Influencer dazugekommen, die über aktuelle politische und gesellschaftliche Ereignisse reden. Wie bewerten Sie das, dass da immer mehr Influencer mitmischen?*

Philipp Amthor: Also ich finde politisches Interesse nie schlecht. Es ist immer besser, sich für Politik zu interessieren, als es nicht zu tun. Trotzdem müssen wir auch sehen, dass es nicht immer um die Form geht, wie man etwas sagt, es muss am Ende auch um Inhalte gehen. Natürlich kann jeder eine Meinung haben, auch Influencer. Das ist auch gut und davon lebt unsere Gesellschaft, jedoch hat niemand das absolute Primat und Monopol auf Richtigkeit. Das, was mich am meisten in der ganzen „Rezo-Debatte" gestört hat, war der Satz: „Dazu kann es doch nur eine Meinung geben!". Das ist in der Regel nie so, es gibt normalerweise viele verschiedene Meinungen und Argumente. Der Austausch dieser Meinungen und Argumente macht Demokratie lebendig. Deswegen finde ich es auch gut, wenn sich viele, auch Influencer, einbringen. Am Ende muss es aber auch um überprüfbare Argumente und nicht nur um Meinungen gehen. Ich habe aber auch den Eindruck, dass die Allermeisten das beherzigen

Leonard Geßner: *Sie hatten ja auch Diana zur Löwen zu Gast. Ist das vielleicht eine Möglichkeit, junge Menschen für Politik zu interessieren?*

Philipp Amthor: Auf jeden Fall. Ich finde das ziemlich gut, dass sich viele Influencer einbringen. Diana zur Löwen macht das super. Bei ihr geht es nicht nur um Beauty, sondern zwischendurch auch mal um Politik und um Inhalte. Mein Video mit ihr hat sich ja nicht dadurch ausgezeichnet, dass wir irgendwie Parteipolitik betrieben haben, sondern es ging eher darum, wie der Tagesablauf eines Bundestagsabgeordneten aussieht. Über die Resonanz darüber freue ich mich bis heute.

Leonard Geßner: *Wie bewerten Sie die aktuelle Diskussionskultur in Deutschland?*

Philipp Amthor: Dass die Diskussionskultur kritisch hinterfragt wird, gehört seit den Ursprüngen der griechischen Demokratie dazu. Sicherlich ist es so, dass das Internet als Forum nicht immer zu tiefgründigen Diskussionen ermuntert. Schnelle und einfache Meinungen sind dort einfacher zu verbreiten, aber es war schon immer ratsam, eine gewisse Skepsis denjenigen gegenüber walten zu lassen, die für die kompliziertesten Probleme die einfachsten Antworten parat haben.

Ich will das Internet hier auch nicht verteufeln, denn Social Media und das Internet müssen ja nicht nur schlechte Seiten haben. Man kann die Leute zum Beispiel heute ganz anders erreichen und darüber politische Diskussionen zum Positiven befördern. Wichtig ist, dass man das Internet nicht den Vereinfachern von links und rechts überlässt.

Leonard Geßner: *Welche Rolle spielt die Moral aktuell und welche Rolle sollte sie spielen?*

Philipp Amthor: Moral spielt immer eine entscheidende Rolle. Aber die Moral ersetzt keine Argumente. Darüber können wir jetzt in große rechtsphilosophische Debatten treten. Aber gute Politik lässt sich vor allem daran messen, ob Politiker nur aus dem Bauch heraus entscheiden, was sie für richtig oder falsch halten, oder ob sie das nachprüfbar mit Argumenten und Stringenz unterlegen. Natürlich darf das nicht dazu führen, dass Politik emotionslos wird. Emotionen spielen immer eine Rolle, aber am Ende gehört dazu, dass niemand für sich das Recht absoluter moralischer Richtigkeit in Anspruch nimmt. Es gibt immer verschiedene Meinungen und Argumente.

Leonard Geßner: *Welche Schlüsse ziehen Sie bisher aus dem Corona-Virus oder kann man noch keine ziehen?*

Philipp Amthor: Ich glaube, wir müssen das Thema langfristig sehen. In der jetzigen Situation verdeckt der Sonnenschein teilweise, welche harten Konsequenzen wir von Corona noch davontragen werden. Das sieht man bereits mit einem Blick auf die Staatsfinanzen. Hier haben wir uns natürlich mit einem beherzten, aber sehr notwendigen Zugriff verschuldet. Darüber hinaus müssen wir uns aber auch fragen, was diese aktuelle Situation für unsere Gesellschafts- und Freiheitskultur bedeutet. Denn nicht zu vergessen ist, dass wir es mit den schwersten Grundrechtseingriffen seit

Bestehen des Grundgesetzes zu tun haben.

Leonard Geßner: *Wie informieren Sie sich denn über aktuelles politisches Geschehen?*

Philipp Amthor: Naja, ich bin Bestandteil dessen (lacht). Insoweit ist das mein Job und dann mache ich das, was viele andere hoffentlich auch machen: Viel Zeitung lesen. Morgens lese ich das „Morgentelegram" aus dem Bundespresseamt, das die Nachrichtenlage zusammenstellt. Zudem höre ich gelegentlich den einen oder anderen Podcast.

Leonard Geßner: *Was hören Sie für Podcasts und was lesen Sie für Zeitungen?*

Philipp Amthor: Ich möchte keine konkreten Empfehlungen geben, denn ich wechsele durchaus die Zeitungen und Podcasts. In der Regel lese ich aber vor allem die „Welt", „FAZ" und „BILD". Andere Zeitungen lese ich manchmal auch nur quer. Bei den Podcasts höre ich ganz gerne Gabor Steingart. Es gibt aber auch eine ganze Reihe anderer guter Podcasts, die ich mir gelegentlich anhöre.

Leonard Geßner: *Herr Amthor, ich bedanke mich für das Interview.*

Das Interview wurde am 7. April 2020 geführt.

# Wiebke Winter

Leonard Geßner: *Vielen Dank, dass du dir die Zeit nimmst, mir ein Interview zu geben. Welchen Einfluss haben Jugendorganisationen?*

Wiebke Winter: Ich glaube, dass wir mehr Einfluss haben, als man denkt. Denn zum Schluss sind wir die junge Stimme innerhalb der Partei. Die »CDUler« kommen zu mir und fragen »Wie sieht die Jugend das denn?« und das ist nicht nur in der CDU so. Und natürlich stellen wir auch Anträge. Das geht dann über Kreisparteitag, Landesparteitag, Deutschlandtag der Jungen Union und letztendlich zum Bundesparteitag der CDU. Zudem sprechen wir als Junge Union oft mit Politikern, die dann auch unsere Kampagnen unterstützen.

Leonard Geßner: *Aber es ist dann schon so, dass ihr auf die, meist älteren, Mandatsträger angewiesen seid und sie immer überzeugen müsst?*

Wiebke Winter: Das stimmt und ich bin auch überhaupt nicht glücklich damit, wie wenig junge Leute aktuell in Parlamenten sitzen. Hier in Bremen, im Stadtparlament, hat die CDU keine Abgeordneten unter 35 und es braucht junge Stimmen in Parlamenten.

Leonard Geßner: *Welche Merkmale hat die Generation Z deiner Meinung nach?*

Wiebke Winter: Ich finde es cool, dass die junge Generation durch Social Media so eine Plattform für sich hat und Botschaften verbreiten kann. Zudem finde ich es unglaublich stark, was für eine Willenskraft dahintersteht, dass man für seine Ideen eintritt, sich gesellschaftlich engagiert und für das Gemeinwohl einsteht. Das geschieht allerdings aus einer super privilegierten Position heraus, da wir uns über nicht viel Anderes Gedanken machen müssen. Und ich glaube, dass diese Generation eine super politische Generation ist, was total klasse ist, denn umso mehr Menschen es gibt, die sich einsetzen und mitdiskutieren, umso besser wird unsere Politik.

Leonard Geßner: *Sind Leute, die bei »Fridays for Future« protestieren gehen, auch bei euch in der JU?*

Wiebke Winter: Nein.

Leonard Geßner: *Gar keine?*

Wiebke Winter: Ich glaube »Fridays for Future« hat, zumindest hier in Bremen, eine sehr linke Ausrichtung. Sie (»Fridays for Future«) haben vor kurzem ein Bild gepostet, dass es unverständlich ist, dass immer noch Kohlekraftwerke in Australien gebaut werden, obwohl der Klimawandel doch so offensichtlich ist. Das kann ich total nachvollziehen. Dann haben sie u.a. geschrieben »Stop Capitalism« und dann frage ich, »okay Kapitalismus, was wollt ihr denn sonst haben?« und sie meinten dann »soziale Marktwirtschaft«. Das vertritt die CDU auch. Grundsätzlich ist die Organisation aber eher so, dass sie hier die sozialen Strukturen aufbrechen wollen, »wir sind gegen Kapitalismus, wir sind dagegen und wir sind dagegen«. Diese Verbindung von Klimaschutz mit anderen gesellschaftlichen Fragen: Diskussionen, die man sicherlich führen kann, die aber mit dem Klima, meiner Meinung nach, überhaupt nichts zu tun haben. Dann unterstütze ich die Forderung nach mehr Umweltschutz, laufe aber ganz bestimmt nicht mit, wenn gesagt wird, dass Kapitalismus scheiße ist. Und ich würde mich echt gerne mal mit »Fridays For Future« treffen und unterhalten, aber die wollen offensichtlich auch nicht mit Parteien reden. Das finde ich total schade, weil ich denke: »Wenn Ihr mich überzeugt, nehme ich eure Anliegen auch mit in die Fraktion und dann hättet ihr auch die CDU dafür, weil letztendlich ist es ja egal, welche Partei es umsetzt, solange die Positionen vertreten werden.«

Leonard Geßner: *Hast du eigentlich während des Wahlkampfes Social Media Werbung geschaltet?*

Wiebke Winter: Wir haben ein bisschen Social Media Werbung geschaltet.

Leonard Geßner: *Auf welchen Plattformen?*

Wiebke Winter: Auf Facebook. Social Media kostet halt wahnsinnig viel Zeit. Der Content muss erstmal vernünftig produziert werden und wir alle arbeiten ehrenamtlich. Wir wollen da den Fokus noch stärker draufsetzen, aber, wie du selbst weißt, ist es ziemlich aufwendig ein Video zu produzieren und dann die Werbung richtig einzustellen. Der Output wäre letztendlich für den Input nicht groß genug gewesen.

Leonard Geßner: *Also ihr wollt da auf jeden Fall mehr machen? Noch ist es ja ein Feld, was noch nicht so wirklich genutzt wird.*

Wiebke Winter: Ich poste im Moment vor allem persönlich als Landesvorsitzende für meine Follower. Ich muss auch sagen, ich bin vorsichtig geworden, was Privates angeht. Einfach weil ich da schlechte Erfahrungen habe und so viele Leute, die mir folgen, gar nicht mehr kenne. Ich bin im Moment auch ziemlich aktiv, weil ich einfach glaube, dass die Leute eher einer Person folgen wollen, als einer Institution. Ich kann mir auf jeden Fall vorstellen, in Zukunft Social Media Werbung auch auf anderen Plattformen zu schalten. Manche machen das ja sogar schon auf Tinder.

Leonard Geßner: *Vor ein paar Monaten haben wir alle von Cambridge Analytica gehört. Ist es vielleicht auch gefährlich, zu viel Social Media Werbung zu schalten?*

Wiebke Winter: Es ist total krass, was im Moment im Netz abgeht. Ich hatte vor einigen Wochen einen Post gesehen, über den Miri-Clan-Chef, wo geschrieben wurde, dass es ja menschenunwürdig wäre, so jemanden abzuschieben, es gegen die Menschenrechte verstößt und er eigentlich ein ganz toller Typ wäre.[71] Als ich mir die Seite genauer angeschaut habe, habe ich gesehen, dass es nur scheinbar eine linke Seite war, die eigentlich von der AfD kommt. Das find ich total perfide, da man so versucht die Leute zu triggern. Und so etwas ist halt in Amerika mit »Cambridge Analytica« in großem Stil passiert und man kann die Leute auf Social Media so gut targetten und letztlich manipulieren. Es ist auf jeden Fall gefährlich und wir müssen darüber aufklären. »Twitter« hat zum Beispiel jegliche politische Werbung verboten, das halte ich für falsch. Wichtig ist, dass es eine Kennzeichnungspflicht gibt, wie auf »Facebook«. Dort ist es schon schwierig, politische Werbung zu schalten, weil man auch sieht, von wem diese Werbung bezahlt wird.

Leonard Geßner: *Ich bedanke mich für das Interview!*

Das Interview wurde am 7. Januar 2020 geführt.

# Maike Schaefer

Leonard Geßner: *Vielen Dank, dass Sie sich die Zeit nehmen, mir ein Interview zu geben. Wie politisch ist die Generation Z?*

Maike Schaefer: Es ist auf jeden Fall eine politische Generation, die sich mit ihrem Umfeld und der Gesellschaft beschäftigt. Die junge Generation wird engagierter und interessierter. »Fridays for Future« z.B. hat es geschafft, eine riesige Bewegung ins Leben zu rufen und auf die Klimadebatte entscheidend einzuwirken.

Leonard Geßner: *Was würden Sie sagen, wie politisch sind die Jugendlichen heute im Vergleich zu vorherigen Generationen?*

Maike Schaefer: Ich würde sagen: sehr politisch. Ich gebe immer mehr Schülerinnen und Schülern Interviews und unterhalte mich mit ihnen und man merkt ihnen das Interesse an. Die jüngeren Menschen mischen sich ja im Moment aktiv in Debatten mit ein. Es gab dieses Interesse schon immer, doch das rückt jetzt mehr in den Vordergrund. Sie engagieren sich zwar eher in Organisationen als in Parteien, gestalten die Debatte aber aktiv mit und konsumieren nicht nur.

Leonard Geßner: *Wie würden Sie Ihr Verhältnis zur Generation Z beschrieben?*

Maike Schaefer: Ich denke als sehr gut. Bisher habe ich immer gedacht, ich bin selbst noch jung. Ich habe dann aber irgendwann festgestellt: »Wow, ich bin deren Elterngeneration.« Man sieht Sachen heute selbst eher etwas differenzierter, vielleicht aufgrund anderer Sozialisierungen oder mehr Lebenserfahrung. Ich würde aber sagen, dass mein Verhältnis insgesamt gut ist, besonders zu den engagierten Jugendlichen.

Leonard Geßner: *Und wie würden Sie das Verhältnis der Politik generell zu den jungen Menschen beschreiben?*

Maike Schaefer: Das würde ich ungern beurteilen. Das müssen vor allem die jungen Menschen und die anderen Parteien selbst entscheiden.

Leonard Geßner: *Wie Sie gesagt haben, engagieren sich junge Menschen eher in NGOs oder in Bewegungen wie »Fridays for Future« und nicht in Parteien. Gibt es da nicht eine gewisse Distanz?*

Maike Schaefer: Ich war über 30 als ich bei den Grünen eingetreten bin und war vorher auch in NGOs aktiv. Ich kann gut verstehen, wenn sich alle Parteien mehr junge Menschen in der Politik wünschen, denn Politik soll repräsentativ sein. Ich kann aber auch die Jugendlichen verstehen, die sich speziell für ein bestimmtes Thema bzw. für ein bestimmtes Themenspektrum engagieren. Ich glaube, das hat eher weniger mit einer Distanz zu Parteien zu tun.

Leonard Geßner: *Was glauben Sie, welchen Einfluss hatte »Fridays for Future« auf die Wahlerfolge der Grünen?*

Maike Schaefer: Ich glaube einen ziemlich großen Einfluss. Unser Themenschwerpunkt war der Klimaschutz. Das wäre er so oder so im Wahlkampf gewesen. Durch »Fridays for Future« ist das Thema medial präsent und in die Öffentlichkeit gerückt worden. Das hat dazu geführt, dass sich mehr Menschen mit dem Thema auseinandersetzen und auch schauen, welche Parteien sich dafür einsetzen.

Leonard Geßner: *Wie viel Einfluss haben Jugendparteien generell und wie viel Einfluss hat die »Grüne Jugend«?*

Maike Schaefer: Bei den Grünen hat die Grüne Jugend einen relativ großen Einfluss. Sie sind in allen Gremien, auch im Landesvorstand vertreten. Dadurch haben sie schon einen Einfluss. Für die anderen Parteien kann ich das schwer sagen, bei den Linken und den Jusos sieht es wahrscheinlich ähnlich aus. Bei der Jungen Union bin ich mir nicht so sicher. Es ist auch immer eine Frage, wie ernst man in Gremien genommen wird.

Leonard Geßner: *Besprechen Sie sich auch mit Leuten aus der Grünen Jugend während Ihres Entscheidungsprozesses?*

Maike Schaefer: Die Grüne Jugend ist ja in den Gremien vertreten. Die sitzen in den Fraktionssitzungen, haben alle Unterlagen und melden sich. Beim Thema Tierschutz waren sie zum Beispiel sehr aktiv und haben sich bemerkbar gemacht. Zudem sind sie auf Versammlungen wie Parteitagen natürlich mit dabei. Bei Themen wie der Abwassergebühr »ticker« ich die natürlich nicht unbedingt extra an (lacht).

Leonard Geßner: *Wie bewerten Sie die Diskussionskultur aktuell in Deutschland?*

Maike Schaefer: Hier in der Bremer Bürgerschaft als sehr konstruktiv. Bremen ist da was Besonderes. Es ist ehrlich und es geht meist um die Sache an sich und nicht um Parteipolitik, gerade in den Ausschüssen merkt man das. Ich nehme aber schon wahr, dass der Ton innerhalb der Gesellschaft rauer geworden ist, gerade in den sozialen Medien.

Leonard Geßner: *Woher kommt das?*

Maike Schaefer: Es ist leichter Menschen zu kritisieren, wenn man ihnen nicht gegenübersitzt. Eben mal eine Mail oder einen Kommentar schreiben. Früher musste man es wirklich ernst meinen und einen Brief vorbereiten, zur Post bringen und die Briefmarke bezahlen. Heute geht das viel schneller und anonymer. Die Nachricht bekommt man selbst zu sehen, nachverfolgen kann man sie aber meistens nicht. Ich glaube auch, dass man sich online schneller hochschaukelt. Ich finde es auch nervig, wenn andere während irgendwelchen Sitzungen andauernd auf ihr Handy gucken, irgendwas eintippen oder teilweise völlig hirnlos alles live teilen.

Leonard Geßner: *Eine Frage zum Corona-Virus habe ich auch noch. Welche Schlüsse kann man schon aus dem Corona-Virus ziehen?*

Maike Schaefer: Man muss gut dokumentieren, dass man nicht bei null anfängt, wenn wir nochmal etwas Ähnliches haben, sondern auf etwas zurückgreifen kann. Jetzt werden von Woche zu Woche neue Beschlüsse gefasst, man soll den sozialen Kontakt minimieren, gucken: »an wen müssen wir denken?«. Da sind wir gut aufgestellt, aber gut dokumentieren für die Zukunft kann hier nicht schaden. Zudem sehen wir, wo am Gesundheitssystem nachgebessert werden muss. Man kann lernen, was braucht man an Infrastrukturen im eigenen Staat, zum Beispiel Medikamentenherstellung, sodass wir bei wegbrechenden Logistik-Ketten nicht einfach leer dastehen und auf Medikamente verzichten müssen. Erstmal ist es natürlich wichtig den Virus einzudämmen, doch wir müssen auch ein System entwickeln, wann die Betriebe wieder anfangen können zu arbeiten, dass wir nicht nach der Corona-

Krise in eine Weltwirtschaftskrise schlittern.

Leonard Geßner: *Frau Schaefer, ich bedanke mich für das Interview!*

Das Interview wurde am 23. März 2020 geführt.

# Konstantin Kuhle

Leonard Geßner: *Vielen Dank, dass Sie sich die Zeit nehmen, mir ein Interview zu geben. Wer ist für Sie die politische Generation Z?*

Konstantin Kuhle: Sehr gerne. Ich tue mich schwer mit der Generationsbezeichnung. Ich finde aber, bei der Suche nach der Generation Z müssen wir uns die Leute näher ansehen, die bei der nächsten Bundestagswahl wählen dürfen oder jetzt bei der Europawahl schon wählen durften – die ja auch wegen der »Rezo-Diskussion« virulent geworden ist.

Leonard Geßner: *Gibt es denn Eigenschaften, die Ihnen zu dieser Gruppe einfallen?*

Konstantin Kuhle: Ich bin jetzt 30 Jahre alt, deswegen bin ich altersmäßig ein kleines Stück von dieser Generation entfernt. Aber wenn ich da ganz frei überlege, finde ich, es gibt ein paar Faktoren, die eine Rolle spielen: Die benannte Generation ist zum Beispiel in ihrem ganzen Verständnis und ihrer ganzen Lebensanlage »durchdigitalisiert«. Das birgt sowohl Chancen als auch Risiken. Die Generation hat ein besonderes Verständnis für Authentizität im digitalen Raum, was etwas ist, das diese Generation von den anderen unterscheidet. Zudem finde ich es spannend, die Shell-Jugendstudie zu analysieren und sich mit ihr auseinanderzusetzen: Es gibt in Teilen bei jungen Menschen eine Repolitisierung – auch wenn man das sicherlich nicht für die gesamte Generation sagen kann. Ich würde aber schon sagen, dass es dort viel politisches Verständnis gibt. Und doch kann ich mir letztlich nicht anmaßen, den Gemütszustand der Generation zu beschreiben.Leonard Geßner: *Und wie würden Sie ihr Verhältnis zu dieser Generation beschreiben?*

Konstantin Kuhle: Positiv. Wir haben hier 21 Sitzungswochen in Berlin, was erst mal nach wenig klingt, weil ein Jahr 52 Wochen hat. Aber trotzdem haben wir als Politiker viel zu wenig Zeit, um rauszugehen und einfach mit Menschen zu sprechen. Ich habe selbst mit Politik angefangen als ich 14 Jahre alt war. Deswegen finde ich es total schön, mit jungen Menschen zu diskutieren. Ich bin immer wieder bei Unidiskussionen – nächste Woche zum Beispiel in Würzburg, um dort über die Arbeit im Parlament zu sprechen. Also verbringe ich durchaus viel Zeit mit Menschen aus dieser Generation – vielleicht sogar mehr Zeit als andere Politiker. Ich habe dabei oft das Gefühl, und das ist nicht despektierlich alten Menschen gegenüber gemeint, dass junge Menschen etwas respektvoller in Diskussionen unterwegs sind als ältere Menschen. Oft nehmen sich junge Menschen noch ein bisschen zurück, warten bis sie dran sind und melden sich zu Wort. Und bei Leuten die fragen: »Darf ich Sie einmal kurz ansprechen, ich möchte Sie auf etwas hinweisen, ich habe mir da etwas überlegt«, dann sind das meistens junge Menschen. Also ich habe ein total positives Bild von der Generation, die aus meiner subjektiven Wahrnehmung heraus eine sehr höfliche Generation ist.

Leonard Geßner: *Kurz vor der Europawahl letztes Jahr gab es das »Rezo-Video«. Wie haben Sie damals darauf geschaut und wie blicken Sie heute darauf?*

Konstantin Kuhle: Also ich habe mir das Video nur teilweise angeschaut. Und eigentlich habe ich gelesen, dass Videos gar nicht so lang sein dürfen (lacht). Ich habe es mir also angeguckt und fand dabei, »Rezo« hat es sich stellenweise ein bisschen zu einfach gemacht. Im Video wurden bestimmte Fakten dargestellt und zur Grundlage für eine Meinung gemacht, die man einfach auch anders sehen kann. Ich glaube, dass wir noch ein stärkeres Verständnis in der Bevölkerung, unabhängig vom Alter, dafür brauchen, dass es für ganz viele Fragen nicht eine bestimmte Antwort gibt. »Rezo« spricht zum Beispiel über Rüstungsexporte und die Armut in Deutschland. Dann sagt er, so sind die Zahlen, aber die Fakten sind so, deswegen trifft die Politik nicht die objektiv richtigen Entscheidungen. Es gibt in der Politik aber ganz oft nicht die objektiv richtige Entscheidung, sondern man kann auf das Thema Armut oder unser Bildungssystem ganz unterschiedlich antworten – je nachdem, was oder wen man mit der Antwort erreichen möchte. Da kann eine Parlamentsmehrheit dann mal so und mal so entscheiden und ich hätte mir bei ihm gewünscht, dass unterschiedliche Meinungen stärker toleriert werden. Man ist nämlich nicht automatisch dümmer, weil man eine andere Meinung hat. Ich glaube auch, dass er ganz genau weiß, was er sagen muss, um Applaus zu kriegen – und der Applaus kommt nicht immer nur von Leuten die jung sind. Der kam vorwiegend von Leuten, die die CDU blöd finden und am Ende hat es die CDU auch ein paar Prozentpunkte bei der Europawahl gekostet.

Leonard Geßner: *Hättet ihr als FDP denn anders reagiert?*

Konstantin Kuhle: Das habe ich mich sehr oft gefragt. »Rezo« sagt ja, er hat es nicht mehr geschafft, die FDP in seinem Video zu verarschen, weil es schon zu lang war. Da bin ich ja froh, dass er es nicht geschafft hat (lacht). Ich weiß es aber nicht – vielleicht hätte ich versucht, auch ein Video zu machen. Ich mache derzeit auch ein paar Videos im Monat, die so ungefähr fünf Minuten dauern. Es ist im Moment einfach so, auch unabhängig vom Alter, dass immer mehr Menschen Bilder und Videos anschauen und immer weniger Texte lesen. Da müssen wir als Politiker und Journalisten eben auch mehr Bilder und Videos produzieren.

Leonard Geßner: *Ein paar Wochen vorher gab es die Proteste gegen die Urheberrechtsreform. Wie steht ihr dazu?*

Konstantin Kuhle: Das finde ich ein total schönes Gegenbeispiel für die Pauschalkritik von »Rezo«. »Rezo« hat ja auch auf »Artikel 13« Bezug genommen und gesagt: »Alle Themen, die von dieser Partei so gesehen werden, die sehen wir anders«. Bei »Artikel 13« war es aber ein bestimmter Teil junger Menschen, die ein besonders Verhältnis zur Digitalisierung und zur Netzkultur haben, die gesagt haben: »Ich will nicht, dass Uploadfilter eingeführt werden«. Die haben sich total intensiv mit diesem Thema beschäftigt und wir als FDP haben das dann auch wie diese Menschen gesehen. Es gibt zwar in der FDP auch Menschen die sagen: »Urheber haben auch Rechte«, »jemand der mit geistiger Arbeit Geld verdient, der soll auch entlohnt werden« – und das stimmt auch. Deswegen muss man da eine Form von Abwägung treffen. Aber so, wie sie von der Europäischen Union gemacht haben worden ist, finden wir es nicht gut.

Leonard Geßner: *Also würdet ihr im Bundestag, gegen eine Umsetzung in dieser Form stimmen?*

Konstantin Kuhle: Ja. Wir haben im Bundestag sogar Gegenanträge eingebracht.

Leonard Geßner: *Schalten Sie denn Social Media Werbung?*

Konstantin Kuhle: Auf Twitter und Instagram habe ich es noch nicht gemacht, bei Facebook schon.

Leonard Geßner: *Können Sie sich vorstellen das auszuweiten?*

Konstantin Kuhle: Ich bin mir noch nicht sicher, was das bringt. Ich habe die Erfahrung gemacht, dass es eigentlich nur darum geht, guten Content zu machen. Man kann noch so viel Geld für schlechte Sachen ausgeben, dann werden sie aber immer noch nicht gut. Auf Facebook habe ich unsystematisch Werbung gemacht und einfach mal ein Video beworben, was dann aber gleichzeitig ziemlich aufwendig produziert wurde. Und dann habe ich da halt 10€ draufgesetzt. Die Bewerbung ist ja sonst eine Wissenschaft für sich – mit den Nutzergruppen und so weiter (lacht). Zu Social Media habe ich aber relativ klare Ansichten: Ich glaube, dass zu viele Politiker noch ihre Social Media Profile nicht selbst führen, das völlig aus der Hand geben und dadurch völlig unauthentisch irgendeinen Kram reinstellen, der nichts mit dem wahren Leben zu tun hat. Ich habe es gerade erst wieder gemerkt: Da rufen Leute aus anderen Bundestagsbüros bei uns im Büro an, und fragen, ob der »Account von Konstantin nicht dazu mal etwas twittern kann?«. Meine Mitarbeiter lachen dann immer, weil die Leute denken, dass irgendein Mitarbeiter meinen Account managed – das mache ich aber selbst. Und ich mache vielleicht drei, vier Tweets am Tag, weil ich Sachen interessant oder wichtig finde. Ich liebe Twitter (lacht), aber kein Mensch nutzt das in Deutschland. Ich glaube bei den Frauen knapp über 0% und bei den Männern 0,5% – also extrem wenige. Politiker müssen authentisch sein in den sozialen Medien und das am besten selbst machen. Wenn man das irgendwie aus der Hand gibt und dann noch Geld draufsetzt, dann ist das so weit weg von dem, was wir selbst sind, weswegen ich das nicht unterstütze. Also bevor man Geld für Facebook-Werbung ausgibt, sollte man gucken, dass man dort keine schlechten Fotos postet, dass man da keine Rechtschreibfehler macht und dass man sich da strategisch am Anfang der Woche überlegt, welche Dinger man posten will.

Leonard Geßner: *Sehen Sie sich als Jungpolitiker?*

Konstantin Kuhle: Ja, ich bin objektiv ein Jungpolitiker. Das Durchschnittsalter im deutschen Bundestag liegt bei 50 Jahren und ich bin 31 Jahre alt, deswegen bin ich noch paar Jahre ein Jungpolitiker. Ich bin aber auch schon sehr lange in der Politik für mein Alter – meistens ehrenamtlich. Ich werde regelmäßig auch als junger Politiker bezeichnet.

Leonard Geßner: *Und wie einflussreich sind Jungpolitiker?*

Konstantin Kuhle: Ich würde sagen, es gibt wenige Länder auf der Welt, in dem es so einfach ist, in politische Verantwortung zu kommen, wie in Deutschland. Ich würde dabei sagen, dass es sehr stark auf die Umgebung ankommt. Ich komme aus Niedersachsen und wir haben in der FDP lange mit Philipp Rösler einen vergleichsweise sehr jungen Politiker gehabt, der sehr schnell, sehr viel Verantwortung übernommen hat. Christian Lindner ist jetzt auch nicht mehr der Jüngste, denn der ist auch schon über 40, aber auch Christian Lindner gilt auch immer als jung, was mir wiederum Mut macht, weil ich dann ja auch noch 10 Jahre jung bin (lacht).

Leonard Geßner: *Und wie einflussreich sind Jugendorganisationen?*

Konstantin Kuhle: Die Jungen Liberalen sind natürlich sehr einflussreich. Die Jugendorganisationen sind ja dafür da, politischen Nachwuchs zu rekrutieren. Man merkt einem Politiker mit 50 an, ob der in einer politischen Jugendorganisation war oder nicht.

Leonard Geßner: *Warum?*

Konstantin Kuhle: Weil die trainiert haben. Bei den »JuLis« wird sehr gekämpft um politische Themen und Meinungen. Politik ist ein Handwerk. Man ist nicht automatisch guter Politiker, wenn man in der Wirtschaft etwas erreicht hat. Auch Jurist zu sein, kann einem in bestimmter Hinsicht helfen, aber dadurch ist man nicht automatisch ein guter Politiker. Politik ist ein eigenes Handwerk, was man in politischen Jugendorganisationen lernt.

Leonard Geßner: *Und die sind dann insofern einflussreich, weil sie die Politiker der Zukunft ausbilden?* Konstantin Kuhle: Genau, so kann man es sagen. Und weil sie beispielsweise wissen, wie eine WhatsApp-Gruppe politisch nutzbar ist und deswegen Delegierte auf einem Parteitag besser koordinieren können.

Leonard Geßner: *Wie stehen Sie denn zu »Fridays for Future«?*

Konstantin Kuhle: Ich finde es super, wenn junge Menschen sich engagieren – ich habe ja wie schon gesagt selbst mit 14 damit angefangen. Je mehr Leute sich engagieren, desto besser. Man kann nicht immer beklagen, junge Menschen engagierten sich nicht und wenn sie es dann machen, sagt man: »Das ist aber das falsche Thema.« Da müssen wir mit klarkommen als Politiker.

Leonard Geßner: *Habt ihr denn bei den »JuLis« oder der FDP auch Leute, die da demonstrieren gehen?*

Konstantin Kuhle: Gibt es, ja. Ich war schon in Kreisverbänden bei den »JuLis«, wo sie aktiv miteinander das machen. Wir haben mit Lukas Köhler einen super Klima-Politiker, der mit denen viel diskutiert. Aber es gibt bei uns in der Tat nicht so viele, das gehört zur Wahrheit dazu. Die meisten bei »Fridays for Future« sind eher bei den Grünen. Es gibt bei den »JuLis« auf der anderen Seite aber auch Mitglieder, die »Fridays for Future« nicht gut finden.

Leonard Geßner: *Und wie bewerten Sie die Diskussionskultur bei uns in Deutschland?*

Konstantin Kuhle: Da könnte man ein eigenes Buch drüber schreiben. Es gibt sehr viel, was mich da beunruhigt und besorgt. Ich glaube, dass man anders miteinander reden müsste und dass wir eine sehr polarisierte Diskussionskultur haben, die häufig nur von Extremen geprägt ist. Viele Menschen haben dadurch keine Lust auf politische Diskussionen, was schade ist. Es müssten allgemein mehr Menschen an politischen Diskussionen teilnehmen.

Leonard Geßner: *Herr Kuhle, ich bedanke mich für das Interview!*

Das Interview wurde am 16. Januar 2020 geführt.

# Lars Klingbeil

Leonard Geßner: *Vielen Dank, dass du dir die Zeit nimmst, mir ein Interview zu geben. Wer ist deiner Meinung nach die politische Generation Z?*

Lars Klingbeil: Ich bin nicht so gut in solchen Generationen-Definitionen, also wie alt jemand sein muss, um zu welcher Generation zu gehören. Aber was ich schon merke ist, dass die Generation Z eine Generation ist, die sehr digital lebt und das digitale Kommunizieren für sie selbstverständlich ist. Diese Generation hat sich in den letzten Jahren aber auch angefangen, mit der Politik und gesellschaftlichen Veränderungen auseinanderzusetzen. Diese Debatte um die »Uploadfilter«, »Fridays for Future«, das waren Politisierungsmomente.

Leonard Geßner: *Und wie würdest du da das Verhältnis zwischen der Generation und der Politik, also zu euch, beschreiben?*

Lars Klingbeil: Mir ist wichtig, dass junge Leute sich in Politik einmischen. Deshalb versuche ich für sie auch immer ansprechbar zu sein, die Kommunikation in beide Richtungen offenzuhalten. Bei der »Uploadfilter-Debatte«, bei »Fridays for Future« war das sehr kraftvoll und hat auch im Austausch gut geklappt. Aber das muss natürlich insgesamt, was Politik angeht, noch mehr werden.

Leonard Geßner: *Junge Menschen engagieren sich eher in Organisationen anstatt in Parteien. Haben Jugendparteien zu wenig Einfluss?*

Lars Klingbeil: Ich glaube, dass man sich an Parteien erstmal so ein Stück gewöhnen und die Struktur kennenlernen muss. Für mich und andere Politikerinnen und Politiker ist es deshalb wichtig, die Barrieren abzusenken. Ich habe das auch bei meinem Schul-Projekt »Kluge Köpfe für Klingbeil« erlebt, das ich in meinem Wahlkreis in der Lüneburger Heide mache. Viele Jugendliche kennen den Kontakt zu Politkern noch gar nicht und haben im Rahmen des Projekts zum ersten Mal mit einem Politiker gesprochen. Sie waren aber auch total offen und positiv. Also für mich ist ganz klar und das werde ich auch weiter tun: Auf junge Leute zugehen.

Leonard Geßner: *Bist du mit dem Eintrittsalter der Jusos im Moment zufrieden oder sollte man noch früher eintreten können?*

Lars Klingbeil: Ich finde es mit 14 erstmal ganz gut, weil das dann auch eine bewusste Entscheidung ist. Wir haben das Alter ja erst vor ein paar Jahren von 16 auf 14 gesenkt und ich weiß gar nicht, wie viele Fälle es gibt, bei denen Menschen unter 14 eintreten wollen. Ich würde die Mitarbeit in einer Partie aber nicht an formalen Dingen festmachen. Viele junge Leute sind in den letzten Wochen aufgestanden, nach dem, was da in Thüringen passiert ist, dass da mit den Faschisten von der AfD ein Wahlbündnis eingegangen wurde. Und die jungen Leute auf der Straße sagen: »Wir wollen nicht, dass unsere Demokratie kaputt geht und wir mischen uns ein«. Da hatten wir auch einen Anstieg bei den Neueintritten in die SPD.

Leonard Geßner: *Du hast die Polarisierung schon angesprochen, die Ränder werden immer stärker. Woher kommt die Polarisierung?*

Lars Klingbeil: Ich glaube, das hat viel mit Unsicherheiten zu tun, die heute in der Gesellschaft da sind, mit einem großen Umbruch, der stattfindet, denn Digitalisierung und Klimawandel verändern ja in der Gesellschaft etwas. Die Leute haben Respekt davor, manche auch Angst. Dann sucht man vielleicht einfache Antworten. Und ich glaube auch, dass das Internet mit seinen Kommunikationsmöglichkeiten zur Polarisierung beiträgt. Das Internet bietet viele positive Möglichkeiten die Demokratie zu stärken, aber auch den Hetzern und »Spaltern« die einfache Möglichkeit, das gesellschaftliche Klima zu vergiften. Das trägt auch zur Polarisierung bei.

Leonard Geßner: *Und tragt ihr als SPD auch eine Mitschuld daran?*

Lars Klingbeil: Wir tragen eine Verantwortung dafür, dass es besser wird. Das ist die Aufgabe, dafür zu sorgen, dass Spaltung abnimmt. Und die SPD ist ja immer die Partei gewesen, die gesellschaftliche Pole nicht gegeneinander ausspielt, sondern wirklich Brücken schlägt.

Leonard Geßner: *Du hast das Internet gerade angesprochen. Hast du denn deine Meinung schonmal geändert, weil du auf Social Media etwas Gutes gesehen hast oder wahrgenommen hast, dass viele Menschen das ganz anders als du sehen?*

Lars Klingbeil: Wenn ich mir eine Meinung zu einem aktuellen Thema bilde, nehme ich bei Twitter, Instagram, Facebook mittlerweile Vieles auf und wahr. Da hilft das Internet immer.

Leonard Geßner: *Die neue Shell Jugendstudie hat ergeben, dass 68% der Jugendlichen der Aussage zustimmen, dass »man in Deutschland nichts Schlechtes über Ausländer*

*sagen darf, ohne gleich als Rassist beschimpft zu werden«.*
*Woher kommt das Gefühl, dass es Dinge gibt, die man nicht*
*ansprechen darf, ohne moralisch sanktioniert zu werden?*

Lars Klingbeil: Das weiß ich nicht. Auch weil ich schon
den Eindruck habe, dass in diesem Land ganz schön viel
ausgesprochen wird und ausgesprochen werden kann. Man
muss nur mit Widerspruch leben, das gehört zur Demokratie
dazu. Wenn man Sachen sagt, die andere falsch finden,
bekommt man auch mal Kontra, das ist normal. Meistens sind
es ja die, die alles sagen und aussprechen und auf der anderen
Seite kritisieren, dass man nichts aussprechen darf.

Leonard Geßner: *Es waren über zwei Drittel der Jugendlichen,*
*die dieser Aussage zugestimmt haben.*

Lars Klingbeil: So ein Gefühl muss man natürlich ernst
nehmen. Aber ich kann den zwei Dritteln sehr klar sagen: Ich
habe noch nicht erlebt, dass man Dinge nicht sagen darf in
diesem Land.

Leonard Geßner: *Mit der Diskussion über die*
*Urheberrechtsreform hat man das erste Mal so richtig*
*gemerkt, wie schnell die Jugendlichen auf die Straße kommen.*
*Wann hast du denn das erste Mal vom »Artikel 13« gehört?*

Lars Klingbeil: Sehr früh. Ich war jahrelang digitalpolitischer
Sprecher im Bundestag und habe mich mit dem Thema
auseinandergesetzt. Ich habe sehr früh schon die Brisanz
von »Artikel 13« verstanden und habe mich um das Thema
gekümmert. Ich war derjenige, der mit Dorothee Bär und
anderen Digitalexperten in den Koalitionsvertrag geschrieben
hat, dass Uploadfilter verhindert werden müssen.

Leonard Geßner: *Du warst also nicht überrascht, welche*

*Reaktionen das Thema hervorgerufen hat?*

Lars Klingbeil: Ich hätte nicht gedacht, dass das so große Dimensionen bekommt, aber für mich war schon klar, dass es da Proteste geben wird.

Leonard Geßner: *Als ich mich mit Paul Ziemiak unterhielt sagte er, dass die CDU einen Vorschlag ausgearbeitet hat, der Uploadfilter verhindert, die Verantwortung für die Umsetzung aber bei der SPD liege, weil ihr das Justizministerium innehabt. Wann können wir mit einem Gesetzesvorschlag rechnen?*

Lars Klingbeil: Erstmal ist das auf europäischer Ebene beschlossen worden, gegen die Stimmen der SPD, mit den Stimmen der CDU. Das ist ein nettes Ablenkungsmanöver vom Kollegen Ziemiak, den ich sehr schätze, aber die haben natürlich auch so Leute wie Herrn Voss in Brüssel, die das massiv polarisieren und die Uploadfilter nicht raushaben wollten. Jetzt ist in der Tat das Bundesjustizministerium dafür zuständig, diese Richtlinie, die mit den Stimmen der CDU beschlossen wurde, in Deutschland umzusetzen. Das muss bis Mitte 2021 passieren und wir haben ganz klar gesagt, dass die Kritiker von »Artikel 13« eingebunden werden müssen.

Leonard Geßner: *Könnt ihr denn schon zusagen, dass es keine Uploadfilter geben wird?*

Lars Klingbeil: Das ist mein Ziel. Aber ich kann dir heute leider nicht sagen, wie die politischen Mehrheitsverhältnisse sind, wenn das Gesetz dann auch konkret in die Abstimmung geht. Wenn die SPD etwas zu sagen hat, dann werden wir darauf drängen.

Leonard Geßner: *Kurz vor der Europawahl gab es dann noch*

*das »Rezo-Video«. Die SPD wurde auch scharf kritisiert, wenn auch nicht so stark wie die CDU. Wart ihr froh, dass die CDU den Shitstorm da abbekommen hat?*

Lars Klingbeil: Erstmal muss man sagen, dass die CDU ja auch sehr viel dafür getan hat, dass sie den größten Shitstorm abbekommen hat. Wenn man sich die Äußerungen auf das »Rezo-Video« anguckt war das vor allem von Frau Kramp-Karrenbauer sehr unglücklich, als sie etwas von der Einschränkung der Meinungsfreiheit erzählt hat. Dann hat man noch Fehler gemacht, in der Reaktion mit einem Phantom-Video und einem PDF... Aber ich empfinde bei sowas keine Schadenfreude, wenn andere Parteien etwas abkriegen. Was mir wichtig ist, ist dass in meiner Partei alle begreifen, dass Themen wie der »Artikel 13« ernster genommen werden müssen.

Leonard Geßner: *Du hast ja »Rezo« vor ein paar Tagen getroffen. Hat er denn konkret etwas bewegt in der SPD? Habt ihr irgendetwas wegen ihm verändert?*

Lars Klingbeil: Ich würde sogar so weit gehen und sagen, dass bei uns im Wettbewerb um den Parteivorsitz, gerade mit Saskia Esken, eine sehr profilierte Kritikerin der Uploadfilter gewonnen hat.

Leonard Geßner: *Würdest du dich als Jungpolitiker bezeichnen?*

Lars Klingbeil: Ich bin 42, also sicherlich kein Jungpolitiker mehr. Aber ich gehöre nach wie vor einer jungen Generation an und setze mich sehr stark mit den Themen der jungen Generation auseinander, da ist es mir wichtig den Kontakt zu halten und ganz viel mit den jungen Leuten auch zu machen. Sowohl als Generalsekretär der SPD als auch als Bundestagsabgeordneter in meinem Wahlkreis.

Leonard Geßner: *Findest du, dass im Parlament junge Menschen unterrepräsentiert sind?*

Lars Klingbeil: Ja.

Leonard Geßner: *Warum ist das so, dass eher ältere Menschen in den Parlamenten sitzen?*

Lars Klingbeil: Das kann ich bei der SPD konkret sagen, weil es da wirklich so ist, dass wir bei der letzten Bundestagswahl runtergegangen sind und jetzt weniger Abgeordnete haben. Und es ist leider so, dass erfahrene Abgeordnete oftmals bessere Chancen auf einen guten Listenplatz haben. Das heißt, für neue Kandidaten ist es schwerer in den Bundestag einzuziehen, wenn das Wahlergebnis nicht so rosig ist. Aber als die SPD die Liste für die Europawahl aufgestellt hat, habe ich dafür gesorgt, dass viele junge Menschen vorne platziert wurden. Das hat auch viel Unruhe gegeben und ich habe viel Kritik abgekriegt, aber das war für mich sehr wichtig.

Leonard Geßner: *Es gibt im Moment gar keinen Abgeordneten, der Teil der Generation Z ist. Gibt es bei euch das nächste Mal jemanden, der Teil der Generation ist?*

Lars Klingbeil: Das wäre zumindest mein Ziel. Wenn ich da genug Einfluss nehmen kann, wird es auf jeden Fall mehr junge Kandidaten für die SPD geben.

Leonard Geßner: *Vielen Dank für das Interview!*

Das Interview wurde am 13. Februar 2020 geführt.

# Paul Ziemiak

Leonard Geßner: *Vielen Dank, dass du dir die Zeit nimmst, mir ein Interview zu geben. Wer ist denn für dich die politische Generation Z?*

Paul Ziemiak: Ganz allgemein würde ich zunächst sagen, dass ist die Generation der Digital Natives 2.0. Also all jener, für die das Smartphone der Alltagsgegenstand Nr. 1 ist und damit auch Politik vor allem im Netz stattfindet.

Leonard Geßner: *Gibt es denn Eigenschaften, die dir zur politischen Generation Z einfallen?*

Paul Ziemiak: Im vergangenen Jahr war die Shell-Jugendstudie mit dem Titel „Eine Generation meldet sich zu Wort" überschrieben. Das bringt es ganz gut auf den Punkt. Mich freut, dass die Generation Z unglaublich politisch ist, dass wir junge Menschen erleben, die es bewegt und auch aufwühlt, was um sie herum passiert. Mein Eindruck ist, dass die Generation Z ein optimistisches Bild von der Zukunft hat, dass sie europäisch und nachhaltig tickt und für sie sinnstiftende Werte und Familie wichtig sind. Auf jeden Fall verändert diese Generation etwas und das ist untrennbar mit der Frage verbunden, wie wir miteinander kommunizieren. Heutzutage kann jeder - und diese Generation macht besonders stark davon Gebrauch - eigene Inhalte ins Netz stellen und wahnsinnig schnell politische Debatten ins Rollen bringen. Das haben wir als CDU ja selbst gespürt. Das ist letztlich ein wesentliches Merkmal - Vernetzung durch Digitalisierung ist prägend für die Debattenkultur der Generation Z.

Leonard Geßner: *Wie hat sich das für euch bemerkbar*

*gemacht?*

Paul Ziemiak: Das ist sicherlich untrennbar mit dem Rezo-Video verbunden. Unheimlich schnell hat Rezo mit seinem Video in die politische Debatte viel Dynamik reingebracht und es geschafft, dass wir uns als Partei damit auseinandersetzen.

Leonard Geßner: *Warst du denn überrascht, wie heftig die Reaktionen waren?*

Paul Ziemiak: Am Ende hat es mich nicht überrascht. Die hohen Zugriffszahlen auf das Video haben gezeigt, dass das Thema den Diskurs bestimmt hat. Es war dennoch richtig, dass die CDU inhaltlich deutlich widersprochen hat. Denn die Kritik war im Inhalt schon reichlich undifferenziert. Aber wir hätten im Stil lässiger sein müssen. Deshalb habe ich die Kommunikationskultur der CDU als Generalsekretär verändert. Monate später, als Greenpeace der CDU das „C" aus dem Schaufenster geklaut hat, haben wir viel entspannter, schneller und humorvoller reagiert. Zu uns haben anschließend viele junge Menschen gesagt: „Das habt ihr toll gemacht, ihr habt über eure Inhalte gesprochen und trotzdem ziemlich lässig reagiert." Das zeigt, so schnell kann man uns den Schneid nicht mehr abkaufen.

Leonard Geßner: *Kann man denn erwarten, dass ihr auf ein mögliches neues „Zerstörungsvideo" mit einem Antwortvideo reagiert?*

Paul Ziemiak: Ich kann versprechen, dass wir jedenfalls nicht mit einem PDF antworten (lacht). Am Ende ist aber jede Situation anders. Kommunikation muss aus meiner Sicht vor allem authentisch und glaubwürdig sein und so, dass es auch die Community versteht.

Leonard Geßner: *Wenn ich mich mit Leuten in meinem Alter unterhalten habe, waren viele enttäuscht, dass das Antwortvideo von Philipp Amthor nicht veröffentlicht wurde. Warum habt ihr das Video nicht veröffentlicht?*

Paul Ziemiak: Das erzähle ich dir ein anderes Mal.

Leonard Geßner: *Wer hat denn untersagt, das Video zu veröffentlichen?*

Paul Ziemiak: Erzähle ich dir auch ein anderes Mal.

Leonard Geßner: *Warum habt ihr denn so spät erst reagiert?*

Paul Ziemiak: Ich verstehe, dass du das Rezo-Video gerne in deiner Geschichte haben willst. Über das Video schreibe ich irgendwann mein Buch (lacht). Wichtiger als das, was war, ist für mich, was wir daraus machen.

Leonard Geßner: *Betrachtest du bzw. betrachtet ihr es im Nachhinein als Fehler, dass ihr kein Video veröffentlicht habt?*

Paul Ziemiak: Unsere Reaktion auf Greenpeace hat gezeigt, dass es besser geht als im Fall Rezo und dass wir es übrigens auch besser können.

Leonard Geßner: *Ein paar Wochen vorher gab es die Debatte um den „Artikel 13". Wart ihr da überrascht, welche Reaktionen das hervorgerufen hat und wie die schnell die Leute aus dem Netz auf den Straßen waren?*

Paul Ziemiak: Das hat mich nicht überrascht, weil viele jüngere und netzaffine Mitglieder in der CDU genauso sauer waren. Mir war es wichtig, dass wir Upload-Filter verhindern und ich habe deshalb sehr schnell die verantwortlichen Poltiker in der CDU zusammengeholt und wir haben gemeinsam in einer Arbeitsgruppe eine gute Lösung entwickelt, wie wir im Einklang mit europäischen Recht Upload-Filter in Deutschland verhindern können. Jetzt ist die Regierung, am Zug genau das umzusetzen.

Leonard Geßner: *Wann können wir denn mit der Umsetzung der Reform rechnen?*

Paul Ziemiak: Ich hoffe, so schnell wie möglich. Das liegt aber in der Zuständigkeit unseres Koalitionspartners. Die SPD stellt die zuständige Justizministerin. Sie muss jetzt liefern.

Leonard Geßner: *Und bringst du „Fridays for Future" mit der Generation Z in Verbindung?*

Paul Ziemiak: Natürlich gehört „Fridays for Future" dazu. Der Einsatz für eine saubere Umwelt, für eine nachhaltige Wirtschaft und letztlich für den Klimaschutz ist ja insgesamt ein wichtiges Anliegen der Generation Z. Das Ziel dieser Bewegung teilen ich und die CDU ausdrücklich.

Leonard Geßner: *Würdest du dich denn als Jungpolitiker bezeichnen?*

Paul Ziemiak: Das kommt drauf an - wenn wir beide uns vergleichen, würdest du das vielleicht nicht unterschreiben. Gemessen am Altersdurchschnitt des Deutschen Bundestages zähle ich zu den jüngeren Abgeordneten.

Leonard Geßner: *Wenn du in den Bundestag guckst, bist du Jungpolitiker. Welchen Einfluss habt ihr Jungpolitiker denn in eurer Partei?*

Paul Ziemiak: In meiner Bundestagsfraktion gibt es eine

schlagkräftige »Junge Gruppe« mit insgesamt 16 Abgeordneten. Ihr gehören alle Parlamentarier an, die unter 35 sind. Als Mitglied der »Jungen Gruppe« bin ich stolz, Generalsekretär der CDU zu sein. Insofern würde ich sagen, dass die junge Generation in der CDU gut aufgestellt ist.

Leonard Geßner: *Wenn du so auf die gesamte politische Landschaft blickst, welchen Einfluss haben dort Jungpolitiker?*

Paul Ziemiak: Jugendorganisationen haben mehr Einfluss als viele denken. Deshalb lohnt es sich auch, sich dort zu engagieren. Mit Kevin Kühnert als Vorsitzenden und jetzt auch als stellvertretenden Parteivorsitzenden der SPD, haben die Jusos durchaus großen Einfluss in der gesamten Partei. Nachdem ich vier Jahre lang Bundesvorsitzender der Jungen Union Deutschlands war, bin ich Generalsekretär der CDU geworden. Es ist einfach so, dass Jugendorganisationen Debatten und die Diskussionskultur innerhalb der Partei prägen. Wenn man als junger Mensch in der Politik etwas bewegen will, sollte man sich auch in einer Jugendorganisation einer Partei engagieren. Im Übrigen bin ich der Überzeugung, dass ein Parlament die gesamte Gesellschaft widerspiegeln sollte. Da gehört auch ein Vertreter der Generation Z dazu, auch wenn Abgeordnete unter 25 im Bundestag eher die Ausnahme sind.

Leonard Geßner: *Findest du es denn problematisch, wenn man jünger als 25 ist und in ein Parlament einzieht, nebenbei vielleicht noch studiert oder noch keine abgeschlossene Ausbildung hat?*

Paul Ziemiak: Aus eigener Erfahrung finde ich das unproblematisch. Ein Parlament muss das Spiegelbild einer

Gesellschaft sein. Jede Generation braucht dort eine Stimme. Wenn eine Partei nur eine bestimmte Gruppe abbildet, finde ich das nicht gut.

Leonard Geßner: *Warum ist es nicht so normal in Deutschland, dass auch sehr junge Menschen viel Verantwortung übernehmen? Wenn man sich da zum Beispiel Sebastian Kurz (Österreichischer Bundeskanzler) ansieht, wirkt die deutsche Regierung sehr alt.*

Paul Ziemiak: Mit Jens Spahn haben wir einen jungen und vor allem erfolgreichen Gesundheitsminister. Ein Politiker, der gerade in der Coronakrise unglaublich engagiert und verantwortungsbewusst arbeitet. Und Sebastian Kurz ist sicherlich genauso ein tolles Beispiel für junge und erfolgreiche Politiker. Aber ich gebe zu, das ist natürlich nicht die Regel. Das liegt auch daran, dass man mit 16 einer Partei beitreten darf. Daraufhin bereits nach vier Jahren für den Deutschen Bundestag vorgeschlagen zu werden, ist ungewöhnlich.

Leonard Geßner: *Findest du es richtig, dass man in die CDU erst mit 16 eintreten kann?*

Paul Ziemiak: Ich persönlich finde es sehr gut, dass man bereits mit 14 in die Junge Union eintreten kann. Für mich wäre es daher kein Problem, wenn eine Mitgliedschaft in der CDU auch eher möglich ist.

Leonard Geßner: *Bei den Grünen gibt es zum Beispiel kein Mindestalter, um in die Partei einzutreten.*

Paul Ziemiak: Wie bereits erwähnt, finde ich das Alter, indem auch ich in die Junge Union eingetreten bin, auch für die CDU denkbar. Ab dem zwölften Lebensjahr kann man zudem bereits in der Schüler Union Mitglied werden. Das zeigt, dass es viele tolle Möglichkeiten zum Mitmachen in der Union gibt.

Leonard Geßner: *Ich bedanke mich für das Interview!*

Das Interview wurde am 15. Januar 2020 geführt.

# Charles Bahr

Leonard Geßner: *Vielen Dank, dass du dir Zeit für ein Interview nimmst. Wer ist die Generation Z?*

Charles Bahr: Die Generation Z sind für mich alle im Alter von 10 bis 23 Jahren, wobei es nicht auf ihr Alter, sondern auf ihr Mindset ankommt. Das bedeutet, dass sie nicht nur konsumieren und nicht nur Inhalte anschauen, sondern dass sie diese selbst mitgestalten. Da ist die Generation Z die erste, die die Medienlandschaft eigenständig mitgestalten kann und das sehen wir an Leuten wie Greta Thunberg, die es auf sämtliche Titelseiten deutscher Tageszeitungen schafft. Ich glaube da ist es extrem wichtig zu beachten, dass es nicht nur diese jungen Leute sind, die immer nur am Smartphone sind und sich nicht kreativ begeistern können oder irgendwie selbst was erstellen, sondern es sind diese jungen Leute, die auf eine ganz andere Art, auf ganz neuen Plattform unterwegs sind und da Inhalte erstellen.

Leonard Geßner: *Du hast neulich gesagt, dass junge Leute so viel Einfluss wie große Tageszeitungen haben. Beziehst du dich da auf Social Media oder wie ist das gemeint?*

Charles Bahr: Ich glaube, dass die größten Medien die sozialen Netzwerke sind, also von den Medien, die die Generation Z nutzt. Das kann Instagram sein, das kann »TikTok« sein, auch für ernstere Themen. Es gab auf »TikTok« zum Beispiel die »Mach-die-Robbe-Challenge«, wo man mit kurzen lustigen Videos darauf aufmerksam gemacht hat, dass Robben vom Aussterben bedroht sind. Auf der anderen Seite gibt es auch viele Influencer, die sich konkret für das Thema

Nachhaltigkeit begeistern. Es können auch einfach nur kurze, schlichte, kleine Storys sein und es muss jetzt nicht ein super gepflegtes und riesiges Social Media Profil sein, wie Greta Thunberg es vielleicht hat, mit täglich neuen Posts.

Leonard Geßner: *Die Jugendlichen sind es gewohnt Inhalte kostenlos zu konsumieren. Ist das auch ein Grund dafür, warum traditionelle Medien, vor allem Zeitungen, ein Problem damit haben, die Jugendlichen zu gewinnen und immer stärker an Auflage verlieren?*

Charles Bahr: Ich habe gestern, als ich zum Flugzeug nach München gegangen bin, eine Zeitung mitgenommen, weil unser Geschäftsführer Christian mir empfohlen hat sie mitzunehmen, weil es eine Grafik über den Einfluss von Influencern gab. Eigentlich gehst du mit der Bordkarte zum Flugzeug, nachdem du sie gescannt hast. Aber es gibt da noch eine Auslage von Zeitungen, die du kostenlos mitnehmen kannst. Ich habe mir das »Handelsblatt« mitgenommen, den Artikel durchgelesen und dann ist mir aufgefallen, dass es ja eigentlich drei Euro kostet. Wenn ich überlege, für mich sind das schon wieder drei Kugeln Eis weniger. Ich glaube einfach, wir (Die Generation Z) sind es tatsächlich nicht gewohnt, für Inhalte Geld auszugeben. Wir wissen, dass junge Menschen negative Emotionen mit dem »BILD-Plus-Logo« verbinden, weil sie wissen, wenn sie auf das »BILD-Plus-Logo« klicken, sie auf einen Artikel kommen, den sie eh nicht lesen können.

Leonard Geßner: *Glaubst du, dass so auch die Zukunft aussieht? Also dass wir uns in 20, 30 Jahren nur noch online informieren.*

Charles Bahr: Wir waren mal bei einem großen Verlag bei

einer großen Mediengruppe in Deutschland. Dort haben die Vorstände, also die obersten Chefs gesagt: »Ja, das ist alles ganz nett, was ihr da auf Social Media macht, aber in fünf Jahren werden die jungen Menschen wieder Tageszeitungen lesen.« Und ich musste mir mein Lachen verkneifen, so ernst die Person das da gerade meinte oder diese Personengruppe, weil ich nicht daran glaube, dass es wieder mehr analog wird, es wird eher mehr digital. Gerade haben wir noch ganz, ganz viele halbdigitale Geschäftsmodelle.

Leonard Geßner: *Wer ist denn die politische Generation Z?*

Charles Bahr: Die politische Generation Z sind für mich alle, die sich aktiv mit dem Thema auseinandersetzen, was wir unter Politik definieren. Das müssen jetzt nicht die Abgeordneten und Spitzenkandidaten selbst sein, das können auch Menschen sein, die in diesem Bereich arbeiten. Diana zur Löwen zum Beispiel, eine sehr erfolgreiche Influencerin aus Köln, die aus dem Beauty-Bereich kam und jetzt auch Richtung Politik geht. Wenn man sich für Politik interessiert, dann wird man sie auch verfolgen. Wenn sie Philipp Amthor einen Tag lang bei seiner Arbeit begleitet, dann ist das schon auch ein Zeichen dafür, dass das Interesse mittlerweile immer größer wird. Aber wer die politische Generation Z am Ende ist, das sind alle, die dafür sorgen wollen, dass sich etwas ändert.

Leonard Geßner: *Was hältst du denn von dem Format der CSU »CSYOU«?*

Charles Bahr: Es ist ein gutes Beispiel dafür, dass jemand dagesessen hat, der sich unbedingt damit auseinandersetzen wollte, was junge Leute interessiert und mal eben alle Trends, die er irgendwo mal gesehen hat, in ein Format klatscht und am Ende ein mysteriöses Ergebnis bei rumkommt, ohne es jetzt zu bewerten. Ich finde, es zeigt ganz gut, dass man junge Menschen Inhalte für junge Menschen machen lassen sollte und nicht die ältere Generation dafür verantwortlich ist.

Leonard Geßner: *Wie würdest du das aktuelle Verhältnis zwischen der Generation Z und der Politik beschreiben?*

Charles Bahr: Gespalten und kritisch. Der Politik fehlt es nicht an Menschen. Es gibt ja super viele coole Menschen, egal auf welche Partei wir jetzt schauen, mal die extremen Seiten ausgenommen. Es fehlt aber die Augenhöhe. Wenn jemand wie »Rezo« ein Video macht, weil ihn wirklich etwas stört an einer Partei und sich da 55 Minuten lang fein säuberlich herausgearbeitet Informationen zusammensucht und die dann präsentiert. Natürlich nicht perfekt, das weiß jeder, dann ist es halt schwierig als Partei, nicht mit einem Youtube-Video direkt zu antworten. Das »Philipp Amthor-Video« wäre grandios geworden als Antwort auf die »Zerstörung der CDU«.

Leonard Geßner: *Wenn man dann ein sechsseitiges Faktenblatt veröffentlicht, erwartet man ja nicht wirklich, dass die Zuschauer von »Rezo« das lesen!?*

Charles Bahr: Ich habe es mir nicht mal angeschaut - warum? Weil man auf Augenhöhe antworten muss und eine sechs Seiten PDF-Datei ist keine Antwort auf ein 55 Minuten YouTube-Video. Ein 10-Minuten-Video auf YouTube oder ein Livestream, in dem man auf Fragen eingeht, das wäre die passende Antwort gewesen. Aber am Ende bin ich fest davon überzeugt, dass sich die Inhalte und die Politiker dahinter am

Ende durchsetzen werden, wenn sie für die Generation Z gut aufbereitet werden.

Leonard Geßner: *Und wie erreichen Politiker die Generation Z?*

Charles Bahr: Indem sie ehrlich sind. Ich glaub,e viele Politiker lassen sich ihre Social Media-Kanäle von ihrem Team pflegen, das sieht man denen auch an. Die wenigsten machen sich Gedanken darüber, wie muss ich es persönlich und selbst darstellen. Social Media ist am Ende die größte Präsenz, die sie haben können, da dort am meisten Menschen sind, die es sich anschauen können. Potenziell zumindest. Dorothee Bär (CSU, Staatsministerin für Digitales) zum Beispiel, die immer innerhalb von Sekunden auf Instagram-Direkt-Nachrichten antwortet und so muss ein Politiker auf Social Media aktiv sein für mich: Selbst und ehrlich.

Leonard Geßner: *Die Politiker, die professionelle Social Media-Referenten haben, sind in Sachen Professionalität denen, die keine haben, um einiges voraus. Kannst du es dann verstehen, dass Politiker Social Media-Profis einstellen?*

Charles Bahr: Ich finde Berater immer klasse. Wenn sie neue Impulse geben und da wirklich zeigen, wie es funktioniert. Man sieht, wenn die Politiker es selbst machen, allein schon, weil sie es selbst aus ihrer Hand heraus filmen, sie selbst die Storys hochladen und selbst darauf reagieren. Dann hat man als Zuschauer auch einen viel höheren Toleranzwert zu sagen, »ist vielleicht nicht so geil, aber er macht es selbst«. Von welchem 60-, 70-Jährigen erwartet man denn, dass er sich damit auseinandersetzt - niemandem. Trotzdem, coole Sache- Respekt!

Leonard Geßner: *Kannst du dir denn vorstellen, dass Influencer irgendwann Wahlwerbung für Parteien machen?*

Charles Bahr: Ich glaube, dass es schon sein kann, dass verschiedene Politiker oder Parteien dafür bezahlen, dass sie mit Influencern zusammenarbeiten. Aber das was sonst immer funktioniert, nämlich »heute mache ich Werbung für Mercedes und morgen mache ich Werbung für BMW«, wird nicht funktionieren. Die Influencer werden nur für die Parteien Werbung machen, hinter denen sie tatsächlich stehen. Ich glaube aber trotzdem nicht, dass am Ende irgendwer seine Wahlentscheidung geändert hat, nur weil «Rezo« das Video gemacht hat.

Leonard Geßner: *Warum nicht?*

Charles Bahr: Ich glaube nicht, dass sich eine Meinung geändert hat, einfach weil die Menschen, die hinter einer Partei stehen, die reflektieren zumindest die Informationen, die in diesem Video waren. Und sind wir mal ehrlich, die Zuschauer, die sich dieses Video angeschaut haben - ich bin mir sicher, dass 40 Prozent davon noch nicht wahlberechtigt sind.

Leonard Geßner: *Und glaubst du, dass diese extremen Reaktionen auch durch die Unwissenheit der Politik hervorgerufen wurden? Für die Digital Natives sind 15 Millionen Aufrufe auch viel, aber für die Politik sieht es so aus, als ob mehr als ein Sechstel aller Deutschen das Video gesehen hat.*

Charles Bahr: Für alle Parteien ist es gerade ungreifbar, was auf Social Media funktioniert. Und man darf sich von Social Media nicht einschränken lassen, man darf nicht sagen, wir wollen die Meinungsfreiheit einschränken. Man muss es ausprobieren und ich glaube, jeder Nutzer würde der CSU eine Chance geben, wenn sie es gut machen und ausprobieren. Ich stelle mir mal vor, wie es wäre, wenn die CSU einen eigenen Instagram-Account hätte und sagen würde: »Die letzten Tage erreichen uns Zehntausende an Direktnachrichten. Lasst es doch mal hier ein Frage-Antwort-Video machen. Und jeder Politiker, der in der CSU aktiv ist und den man halbwegs kennt, der beantwortet jeden Tag fünf Fragen davon. Das würde Politiker greifbarer machen, es wird das Thema Politik sympathischer machen und vielleicht dafür sorgen, dass sich mehr Menschen von der Partei überzeugen lassen.

Leonard Geßner: *Gibt es Reichweiten, bei denen du sagst, dass die Politiker unbedingt reagieren müssen. Also ab einer gewissen Anzahl an Tweets, ab einer gewissen Anzahl von Nutzern eines Hashtags etc.?*

Charles Bahr: Die Politiker sollten auf jeden Kommentar reagieren. Ich weiß das ist schwierig, aber jeder Kommentar, der ernsthaft geschrieben wird, mit einer ernsthaften Begründung und Nachfrage, bringt die Politiker weiter, wenn sie darauf antworten, weil sie wieder greifbar erscheinen und das ist es, wofür wir Politiker kritisieren: Unglaublich hohe Gehälter, nur Fahrbereitschaft vom Bundestag den gesamten Tag, total unglaubwürdig und ungreifbar für die Wähler selbst. Das könnten sie dadurch nicht bestätigen lassen, sondern etwas anderes zeigen. Ich glaube deswegen ist es so wichtig.

Leonard Geßner: *Also wirklich auf jeden Kommentar und jeden Post, bei dem man markiert ist, versuchen mit den Leuten zu interagieren?*

Charles Bahr: Total, also wirklich versuchen die Zeit, die man hat, so viel wie möglich zu nutzen, um tatsächlich mit den Wählern in Kontakt zu kommen.

Leonard Geßner: *Haben Politiker ohne Account bei Instagram und Co. dann noch eine Chance die Jugendlichen zu erreichen?*

Charles Bahr: Es kommt immer auf die Themen an. Philipp Amthor hat seine Bekanntheit nicht durch Instagram erlangt, sondern dadurch, dass er eine prominente Person ist, die prominente Aussagen tätigt.

Leonard Geßner: *Glaubst du, dass sich der Journalismus in der nächsten Zeit verändern wird, besonders in die Richtung von »Meinungsjournalismus«? Also schon, dass man auf Fakten basiert diskutiert oder etwas erklärt, aber schon seine Meinung durchblicken lässt oder ganz klar sagt, wofür man steht.*

Charles Bahr: Ich glaube der Journalismus wird sich nicht ändern, aber die Plattformen, auf denen er stattfindet. Ich würde übrigens die wenigsten Influencer als Journalisten bezeichnen.

Leonard Geßner: *Charles, ich danke dir für das Interview!*

Das Interview wurde am 13. November 2019 geführt.

# Albrecht von Lucke

Leonard Geßner: *In einem Interview sagten Sie vor kurzem: »Wir haben einen Generationenkonflikt, wie es die Republik noch nie gehabt hat«. Was genau meinen Sie damit?*

Albrecht von Lucke: Das Interessante an diesem neuen Generationenkonflikt, den wir gegenwärtig erleben, ist die Tatsache, dass er anders als alle anderen, vorangegangenen, ist – nämlich nicht bloß subjektiver, sondern absolut objektiver Natur. Zum ersten Mal in der Moderne werden die ökologischen – und vermutlich damit auch die ökonomischen – Voraussetzungen der nachkommenden, aber schon jetzt lebenden Generationen radikal schlechter sein, als die der vorangegangenen Generationen. Das ist die direkte Folge dessen, was wir Anthropozän nennen: Das menschengemachte Klima bringt einen Generationskonflikt mit sich, der völlig anderer Art ist als frühere Generationskonflikte. Es geht nicht mehr nur um Macht und ihre Verteilung, wie in aller Regel in früheren Generationskonflikten. Es geht um die ganz grundsätzliche Frage: »Hinterlässt die starke ältere Generation der jüngeren überhaupt noch eine überlebensfähige Umwelt?« Diese Überlebensfrage ändert die politische Lage fundamental: Sie verleiht dem Protest der Jüngeren eine große Legitimation und damit auch diskursive Macht.

Leonard Geßner: *Man sagt besonders den jungen Leuten nach, dass sie sehr optimistisch sind. Wie wirkt sich das auf das politische Urteilsvermögen aus?*

Albrecht von Lucke: Das ist ein ganz interessantes Phänomen: Einerseits gibt es das Bewusstsein der ökologischen

Krisenhaftigkeit der Gegenwart; das ist bei weiten Teilen der Bevölkerung und auch gerade bei der jungen Generation angekommen. Andererseits gibt es eben auch ein Gefühl der Normalität in der jungen Generation, spätestens wenn sie nach den »Fridays for Future«-Demonstrationen der normale Alltag wieder einholt: Man trifft sich mit dem Freund, man geht zur Schule, man ist also natürlich nicht immer im Krisenmodus. Das wäre ja auch schlimm. Darauf basiert der pragmatische Optimismus, den alle Studien messen. Aber dieser Optimismus – und das macht dann den Konflikt innerhalb der Generation aus – bricht sich zunehmend mit einer Wahrnehmung der Krisenhaftigkeit unserer Gegenwart. Das dürfte sich in Zukunft noch verstärken. Da werden Teile dieser Generation noch sehr viel schärfer Front machen, die Proteste werden sich radikalisieren, aber vor allem werden sie den Lebensstil der Gesellschaft stärker hinterfragen. Das kann und wird natürlich auch eine noch stärkere gesellschaftliche Polarisierung mit sich bringen.

Leonard Geßner: *Wenn die politischen Konflikte zunehmen werden, stellt sich dann nicht auch die Frage, welchen Einfluss das Bildungssystem auf die politische Meinungsbildung hat?*

Albrecht von Lucke: Das Bildungssystem hat natürlich einen riesigen Einfluss. Und ich glaube tatsächlich, dass speziell die politische Bildung in den letzten Jahrzehnten enorm vernachlässigt wurde.

In politische Bildung wird nämlich immer dann investiert, wenn man in einer gefährlichen Krisenlage ist. Dann kümmert man sich um die jungen Generationen. Doch seit 1989 hat man die Jugend politisch nicht mehr sonderlich ernst genommen. Denn die Demokratie schien nach dem Fall der Mauer ja gesiegt zu haben, also alternativlos zu sein. Und die Jugend hat auch – jedenfalls in der Gesamtheit – keine größeren Probleme bereitet, so wie etwa noch nach 1945 oder noch um 1968; sie ist nicht rebellisch gewesen, sie hat keinen Ärger gemacht, sondern sie hat sich eher infantilisiert, ja sie ist im Zuge der medialen Revolutionen, der neuen digitalen Medien, zum Teil auch regelrecht verblödet.

Aber dann kam Pegida, dann kam die AfD – und stieß auch auf eine teils entpolitisierte jüngere Generation, die aber ja nicht nur mit grünen Themen ansprechbar ist, sondern auch von rechts. Und diese Entwicklung weckt natürlich wieder die alte Sorge, ja Angst vor der jungen Generation und damit das Interesse an der Frage: »Wie kriegen wir die in die Demokratie integriert?« Deswegen spielt politische Bildung jetzt wieder – und zwar zu Recht – eine große Rolle, und zwar aus zwei Gründen: Einerseits sind viele noch immer sehr unpolitisch, was ein Problem der Ignoranz, aber auch der Verführbarkeit bedeutet, und andererseits politisieren sie sich ziemlich radikal, sowohl nach rechts, aber auch nach links. Und weil die politische Bildung heute in einem großen Teil der Elternhäuser völlig ausscheidet, und zwar nicht nur in den bildungsfernen, muss politische Bildung seitens des Staates zukünftig wieder eine viel größere Rolle spielen.

Leonard Geßner: *Herr von Lucke, ich bedanke mich für das Interview!*

Das Interview wurde am 13. November 2019 geführt.

# Klaus Hurrelmann

Leonard Geßner: *Sie haben vor kurzem in einem Interview gesagt, dass sie von der Generation »Greta« sprechen würden. Warum?*

Klaus Hurrelmann: Nun, es ist zum ersten Mal seit langer Zeit eine junge Generation, die politisch handelt, auf die Straße geht und sich für ganz konkrete Sachen einsetzt. Das haben wir ganz lange nicht mehr gehabt, besonders in dieser Breite und in dieser Intensität nicht. Und wenn man genau hinschaut dann geht das zurück auf die schwedische Schülerin Greta Thunberg. Die hat im Grunde das ganze Muster dafür gesetzt und hat sich vor eineinhalb Jahren in Stockholm vor's Parlament gesetzt und hat mit einen Schulstreik gegen die Klimakrise auf diese Weise protestiert und gesagt: »Ich bleibe hier so lange sitzen, bis sich die Gesetzgebung meines Landes und hoffentlich auch die anderer Länder verändert hat.« Das heißt, sie hat musterhaft gewirkt und deswegen könnte ich mir vorstellen, dass man dieser ganzen Generation ihren Namen geben kann. Die heißt im Moment noch Generation Z, das macht eigentlich nicht viel Sinn. Die vorherigen Bezeichnungen »Generation Y«, das war das »Warum«, also eine Metapher oder sollte die fragende Grundhaltung ausdrücken, die Generation X. Das war die rätselhafte Generation, die sich verunsichert fühlte. Da waren die beiden Buchstaben Metaphern und hatten eine symbolische Bedeutung. Das hat es nicht, das ist jetzt nur entstanden, weil es im Alphabet weitergeht. Ich glaube da wäre mal ein inhaltlicher, bildhafter Name sehr sinnvoll und so ist der Gedanke gekommen, die Generation als »Generation

Greta« zu bezeichnen.

Leonard Geßner: *Bei der größten Klimademonstration, also beim Streik, waren in Deutschland 1,4 Millionen Menschen auf den Straßen, das waren zehn Prozent der kompletten Generation Z in Deutschland. Wie verhalten sich die anderen und wie gucken diese auf das Ganze?*

Klaus Hurrelmann: Nun bei den ganz großen Demonstrationen in Berlin war ich auch selbst dabei. Außer den Schülerinnen und Schülern, oder sagen wir mal den unter 22-jährigen, sind auch sehr viele Ältere dabei gewesen. Wir schätzen so aufgrund von Untersuchungen, dass sich etwa fünf Prozent der jungen Generation, also insbesondere sagen wir der 12- bis 25-jährigen, sehr stark politisch für Umweltfragen interessieren und auch in irgendeiner Weise sich regelmäßig oder gelegentlich an Aktivitäten von «Fridays for Future« beteiligen. Das ist eine riesige Zahl, so viele Aktivisten, die sich für ein Thema einsetzen. Das hat es ganz lange nicht mehr gegeben, da muss man lange suchen. Wir haben natürlich in den vergangenen Generationen auch Umweltbewegungen gehabt, die »Anti-Atomkraft-Bewegung« zum Beispiel, oder der Hambacher Forst, das ist gar nicht so lange her. Das waren dann immer kleinere Initiativen. Und jetzt haben wir eine Breiteninitiative, die riesige Gruppen der Bevölkerung aktiviert über die Schülerinnen und Schüler selbst. Das ist eine riesige politische Leistung. Auch andere Städte berichten das ja genauso, eine Demonstration von zigtausend Menschen vorzubereiten, zu organisieren und sie durchzuführen, ganz ohne Zwischenfälle, ohne einen Unfall oder Gewalttätigkeiten, das ist wirklich bemerkenswert. Da muss man sagen, da ist in der jungen Generation eine

Gruppe von Leuten, die richtig was draufhaben und dann auch noch die politischen Diskussionen bestimmen, was dazu geführt hat, dass sich ein etwas lahmendes Bundeskabinett in Windeseile auf ein Klimapaket hat einigen müssen, unter diesem riesigen Druck, den die Bewegung aufgebaut hat.

Leonard Geßner: *Für die Organisatoren an sich wahrscheinlich nebensächlich, aber die jungen Leute haben heute gar nicht die Möglichkeit der politischen Debatte zu entgehen. Man bekommt ja zwangsläufig etwas davon mit, wenn Schüler z.B. in der Klasse fehlen oder auf Social Media über das Thema von Influencern oder Freunden bzw. Bekannten über das Klima gesprochen wird. Wie wirkt sich das denn auf die anderen Schüler oder generell auf die anderen jungen Leute aus, die sich nicht engagieren?*

Klaus Hurrelmann: Die Diskussion ist schon mal in die Elternhäuser getragen wurden und die Lehrerinnen und Lehrer müssen sich damit beschäftigen, die Mitschülerinnen und die Mitschüler, die Schulleitungen müssen sich auch damit beschäftigen und in der Gemeinde wird es zum Thema. Dadurch ist eine ungeheure Verbreitung entstanden. Wir wissen aus Studien, dass das Thema »Umwelt« zurzeit alle Gruppen der jungen Generation anspricht, aber doch in unterschiedlicher Gewichtung. Das hängt ganz klar mit dem Bildungsgrad und der sozialen Position zusammen. Wer aus einem gutbürgerlichen Elternhaus kommt, wo viel über Politik gesprochen wird, ein Elternhaus, dem es auch wirtschaftlich gut geht, der ist besonders engagiert. Die können sich das Thema zurechtlegen - da steht Umweltschutz und Klimakrise ganz oben auf der Tabelle von Sorgen und Problemen. Die jungen Leute, denen es nicht so gut geht, sind ein bisschen zurückhaltender. Die finden das Thema auch wichtig, aber viel drängender ist für sie: »Finde ich eine Lehrstelle?«, »Wie ist mein Abschluss und bekomme ich damit noch den Studienplatz, den ich mir wünsche?«. Wenn man ganz schlecht abgeschnitten hat, ist es heute ziemlich hart in unserer Gesellschaft, wenn man zum Beispiel keinen Hauptschulabschluss oder keine Ausbildung hat. Diese jungen Leute sind ungefähr ein Fünftel, also 20 Prozent, denen es von der Opposition her schlecht geht und die auch schlecht gewappnet sind für eine Gesellschaft, die wir heute sind. Die haben schnell das Gefühl abgehängt zu sein, benachteiligt zu sein und fühlen sich herabgesetzt und dann fängt die Suche an nach Schuldigen. Hier spielt auch das Thema »Arbeitslosigkeit« noch eine große Rolle. Die Arbeitslosigkeit ist nicht so weit weg wie bei den jugendlichen der »oberen« Gruppe. Da rutschen dann andere Themen in den Vordergrund und wir können auch nicht übersehen, dass das Ganze etwas damit zu tun hat, ob man ökologisch weltoffen orientiert ist, was die meisten Aktivisten eindeutig sind, dann die Grünen wählen, vielleicht auch DIE LINKE oder die SPD. Die andere Gruppe hat eine große Neigung zur AfD, die spricht ihre Themen an und entsprechend punktet sie auch bei den Wahlen in den ostdeutschen Bundesländern. Die junge Generation ist nicht monolithisch, das ist nicht eine Einheit, sondern, wie sich das in einer Demokratie gehört, ist sie sehr unterschiedlich und kann auch die unterschiedlichen Positionen eindeutig artikulieren. Je nach Lebenslage kann man bei jungen Leuten ganz eindeutig sehen, wie sie sich politisch interessieren und wo die Themenschwerpunkte liegen.

Leonard Geßner: *Es gibt ja das Zitat: »Wer mit 20 nicht links wählt, hat kein Herz, wer mit 30 immer noch links wählt hat keinen Verstand.« Trifft das auf Generation Z zu?*

Klaus Hurrelmann: Die alte »Links-Rechts-Polarisierung«, harte Debatten über konservativ progressiv, die haben Generationen wie meine - ich bin 68er Generation - oder jetzt auch die Babyboomer-Generation danach, die etwa 50 bis 65-jährigen, vom ersten Tag an fasziniert. Das machte für uns Sinn. Das ist irgendwie heute etwas, was die jungen Leute nicht anspricht, dieses »Links-Rechts« Schema. Was sie sehr wohl anspricht: »weltoffen« versus »verschlossen«, »ökologisch« versus »erstmal auf die Wirtschaft achten«. So gesehen kann man nur sagen, die jungen Leute sind politisch.

Leonard Geßner: *Wir haben ja schon gesagt, man kann der politischen Debatte kaum entgehen. Heißt das auch, dass man eine Generation erwarten kann, bei der so gut wie alle Menschen wählen gehen?*

Klaus Hurrelmann: Nein. Das politische Interesse ist ziemlich hoch, war aber früher, zur Zeit der deutschen Vereinigung deutlich höher. Die Bereitschaft sich politisch zu beteiligen, zum Beispiel an einer Bewegung, ist nicht zu übersehen. Aber die Distanz zu den Parteien ist riesengroß. Die werden wahrgenommen als die typischen politischen Organisationsformen der älteren Generation und das sind sie ja auch. Das Durchschnittsalter der Parteien ist bei der CDU und SPD ungefähr 60 Jahre. Bei den Grünen ungefähr 50 Jahre und bei den anderen Parteien sieht es auch nicht sehr viel besser aus.

Leonard Geßner: *Laut der Shell Jugendtudie stimmen 68 Prozent der Jugendlichen der Aussage zu »in Deutschland darf man nichts Schlechtes über Ausländer sagen, ohne gleich als Rassist beschimpft zu werden«. Woher kommt dieses Gefühl?*

Klaus Hurrelmann: Es macht sehr nachdenklich, wenn man mal überlegt, man würde selbst auf das Statement reagieren. »Also eigentlich habe ich das Gefühl, wenn in meiner Nachbarschaft sehr viele Menschen einziehen, die eine andere Sprache sprechen, die anders aussehen, fühle ich mich erst mal unsicher.« Wenn ich das jetzt aber meinem Nachbar sage, kann es schnell passieren, dass der Nachbar mir sagt: »Du bist wohl Fremden gegenüber feindlich eingestellt«. Es ist ja einfach nur eine Bildung dessen, was sie empfinden und fühlen. Ich denke, wir müssen höllisch aufpassen, dass so eine Vorstellung, dass man Dinge nicht sagen kann, die einen beschäftigen, die einen innerlich bewegen, gleich zensiert werden. Das steckt in dieser Äußerung mit drin. Offen darüber sprechen, dass in der Nachbarschaft neue Probleme des Zusammenlebens entstehen, wenn Menschen aus einer anderen Kultur mit einer anderen Religion kommen, das muss möglich sein.

Leonard Geßner: *Inwiefern hat das etwas mit der Polarisierung im Moment zu tun?*

Klaus Hurrelmann: Es spielt ein bisschen mit hinein. Das ist ein allgemeiner Eindruck, den wir alle haben, was durch die Möglichkeit, sich anonym im Netz zu äußern und sich seiner Meinung zu entledigen, bedingt ist. Dass 75 Prozent dieser Aussage zustimmen zeigt, es geht durch alle Gruppen der jungen Leute. Die Lehre daraus ist, dass wir im Elternhaus, in Schulen, im Umfeld und überall in den Medien viel mehr Streitkultur zulassen müssen und gepflegte, aber auch scharfe

Auseinandersetzungen verbaler Art trainieren müssen, sodass man alles erst einmal sagen kann und dann beginnt abzuwägen und zu diskutieren.

Leonard Geßner: *Welchen Einfluss hat das Bildungssystem auf die politische Meinungsbildung?*

Klaus Hurrelmann: Naja, guter politischer Unterricht hat seine Wirkung. Der scheint aber in den letzten Jahren zu wenig zu faszinieren und spricht nicht richtig an. Guter Unterricht muss aber auch politisches Agieren an der Schule fördern, also das was du jetzt machst, von dir aus als Schüler rauszugehen und bestimmte mediale journalistische Themen aufzubereiten, das ist ja auch eine politische Komponente. Da müssen Schulen vielmehr ermutigen, also praktisch gehören an jede Schule zwei oder drei, die sich so verhalten, wie du das tust und dann zurückmelden in die Schule und in der Schule viel mehr Foren schaffen, in denen über die Themen gesprochen wird, die alle beschäftigen. Bei der Schule angefangen: »Wie kriegen wir das Gebäude sauber?«, »Wie kriegen wir die Zeiten gerade und müssen wir wirklich morgens immer zur selben Zeit kommen?« Solche Dinge, die das Miteinander betreffen, in die Schule hinein und deutlich machen, dass sich alle beteiligen können dann, wenn ein Beschluss gefasst ist, dieser auch gilt und von allen eingehalten wird. Das ist gelebte Politik und gelebte Demokratie. Ich bin hier an einem Arbeitsplatz, Schule genannt, und da kann ich mitbestimmen, wie es zugeht und welche Umgangsformen und welche Regeln gelten können. Das kann man auch aus Studien ablesen, dass Schülerinnen und Schüler das gerne wollen.

Leonard Geßner: *Herr Hurrelmann, ich bedanke mich für das Interview.*

Das Interview wurde am 13. November 2019 geführt

# Johannes Strate

Leonard Geßner: *Vielen Dank, dass du dir die Zeit nimmst, mir ein Interview zu geben. Ihr äußert euch regelmäßig zu politischen Themen, im Gegensatz zu vielen anderen Künstlern. Warum?*

Johannes Strate: Ich bin in einem politischen Haushalt aufgewachsen. Mein Vater hat in den 70ern die Grünen in Worpswede mitbegründet. Ich war früh interessiert, dann kam Tschernobyl und ich bin auf den Demos marschiert: »Hopp, hopp, hopp, Atomkraftwerke Stopp!« Ich habe früh gemerkt, dass auf der Welt nicht alles so läuft, wie man es sich wünscht. Ich finde es wichtig sich zu äußern und das tun junge Menschen zum Glück auch.

Leonard Geßner: *Du erntest für deine Äußerungen aber auch regelmäßig Kritik.*

Johannes Strate: Wer in die Öffentlichkeit steht, darf nicht erwarten, dass jeder gut findet, was man macht. Es ist mir zwar nicht egal, aber es prallt an mir ab, wenn es sinnlose Kritik ist. Im Internet Kritik zu üben ist leicht, die Hemmschwelle ist niedrig. Teilweise wird man sogar bedroht, »man solle schön aufpassen«. Das ist natürlich krasser Blödsinn, aber leider Normalität. Wenn jemand ernsthafte Kritik übt, finde ich das völlig ok.

Leonard Geßner: *Setzt du dich mit der konstruktiven Kritik denn auseinander?*

Johannes Strate: Na klar. Gerade weil wir auch Umweltthemen ansprechen und ich selbst weiß, dass jeder Mensch an dieser

Stelle angreifbar ist. Wir reisen mit der Band furchtbar viel, in großen Bussen, die einen großen Dieselmotor haben. Hier liegt mein Handy auf dem Tisch, auch nicht nachhaltig hergestellt. Ich finde es trotzdem wichtig, dass jeder ein Bewusstsein hat und eine Haltung entwickelt. »Fuck You Greta« und »mir ist alles scheißegal« ist da nicht angebracht.

Leonard Geßner: *Viele Promis äußern sich überhaupt nicht politisch. Appellierst du auch an diese, in der Öffentlichkeit mehr Haltung zu zeigen?*

Johannes Strate: In einer funktionierenden Demokratie gehört es für mich zur Bürgerpflicht wählen zu gehen und Haltung zu zeigen. Und da erreichen Menschen, die in der Öffentlichkeit stehen, viele andere Menschen durch ihre mediale Reichweite. Allerdings ist auch wichtig, nicht nur Menschen zu erreichen, die sowieso das Gleiche denken. Wenn die Toten Hosen auf ihren Konzerten sagen: »Keine Macht den Nazis« ist das super, aber es sind sich wahrscheinlich alle auf und vor der Bühne einig. Interessanter wäre, wenn Helene Fischer oder Andreas Gabalier den gleichen Satz sagen und meinen. Wie Rammstein, bei deren Konzert in Moskau sich zwei Gitarristen küssen, um ein Zeichen gegen Homophobie zu setzen.

Leonard Geßner: *In dem Podcast »Deutschland3000« hat Mark Forster gesagt, dass er wahrscheinlich auch Fans von allen Wählerschaften hat und seine Konzerte eher ein Ort der Begegnung sind. Für mich hörte es sich auch ein bisschen so an, als ob er sich drum herumredet, möglicherweise, weil er niemanden verprellen möchte. Nehmt ihr das in Kauf?*

Johannes Strate: Wenn man eine klare Meinung äußert, tritt

man immer auch anderen Menschen auf den Schlips. Aber sollte man deshalb nichts sagen? Ich mag Mark, ein super Typ und ein guter Künstler, aber in dem Punkt sind wir – wenn er richtig zitiert wurde – eher nicht einer Meinung. Am Ende muss das aber natürlich Jeder für sich entscheiden.

Leonard Geßner: *Viele Menschen haben ihren eigenen Beitrag, etwas gegen den Klimawandel zu tun. Habt ihr etwas geändert?*

Johannes Strate: Das erste, was wir gemacht haben, ist auf Öko-Strom umzusteigen, das war vor 20 Jahren. Unser Schlagzeuger, Jakob, war, glaube ich, einer der ersten 50 Kunden von »Greenpeace-Energy«. Zudem nutze ich immer öfter das Fahrrad und gehe auf Märkten einkaufen, weil es da wirklich viele gute Produkte aus der Region gibt, meist sogar ohne Verpackungen.

Leonard Geßner: *In einem Interview sagtest du, dass ihr, wenn ihr z.B. für Firmenevents angefragt werdet, erstmal prüft, ob diese »politisch korrekt« sind? Wie definierst du politische Korrektheit?*

Johannes Strate: Wir versuchen offensichtliche Drecksschleudern wie Kreuzfahrt-Unternehmen zu umgehen. Wir diskutieren jede Anfrage individuell und versuchen nur das zu machen, was für uns verantwortbar erscheint. Sicher liegen wir da auch nicht immer 100% richtig.

Leonard Geßner: *In einem Interview mit dem Weser-Kurier sagtest du, »[...] wir sind schon eine verwöhnte Generation.« Wie verwöhnt ist die Generation Z?*

Johannes Strate: Unsere Großeltern haben teilweise zwei Weltkriege erlebt. Sie mussten einige Kinder durchbringen und der erste Gedanke war, dass es ihre Kinder besser haben sollten. Dann kamen unsere, also meine Eltern, im oder nach dem Krieg geboren. Für sie ging es eher darum, einen guten Job zu bekommen, und vielleicht noch ein Häuschen zu bauen. Dann kamen wir: Die Generation, die in Sicherheit geboren wurde. Wir sind mit unserer Selbstoptimierung beschäftigt, die Möglichkeiten sind unbegrenzt. Jetzt kommt die nächste Generation (die Generation Z), wo es noch extremer ist. Super ausgebildet, jedes Praktikum der Welt, studiert, den internationalen Master in der Tasche. Es klingt vielleicht ein bisschen zu philosophisch, aber ich werde das Gefühl nicht los, dass das wahrgenommene Glück heute manchmal auf der Strecke bleibt.

Leonard Geßner: *Würdest du denn zu bestimmten Themen, auf einer Podiumsdiskussion oder im Fernsehen bei einer Talkshow mitdiskutieren?*

Johanne Strate: Wenn ich mich im Thema genug auskenne, gerne. Müsste ich allerdings mit Politikern über Emissionen diskutieren, würden sie mich wahrscheinlich schnell auseinandernehmen können. Da bleibe ich lieber bei meinen Leisten und spreche über Dinge, von denen ich wirklich etwas verstehe.

Leonard Geßner: *Vielen Dank für das Interview!*

Das Interview wurde am 6. Januar 2020 geführt.

# Louisa Dellert

Leonard Geßner: *Vielen Dank, dass du dir die Zeit nimmst, mir ein Interview zu geben. Wie wird man von der Fitnessbloggerin zur Politikbloggerin?*

Louisa Dellert: Das ist eine sehr gute Frage. Du musst es dir so vorstellen, auf Instagram habe ich immer mein Leben einfach gezeigt und alles was mich interessiert hat. Am Anfang war es abzunehmen, gut auszusehen und das hat sich dann alles irgendwie ein bisschen gewandelt und irgendwann kam der Punkt, an dem ich mich mit dem Thema Nachhaltigkeit beschäftigt habe, das war noch bevor »Fridays for Future« und Greta Thunberg auf die Straße gegangen sind. Und wenn du dich mit dem Thema »Plastik« auseinandersetzt, dann kommst du irgendwann automatisch nicht mehr an der Politik vorbei und zu schauen: »Wie sind da die Gesetze?«, »Was ist geregelt und was ist nicht geregelt?« So kam es, dass ich mich irgendwann damit beschäftigt habe und war das erste Mal bei Christian Lindner im Bundestag und habe gemerkt, mir fehlt total viel Wissen. Ich hatte nie Lust mich mit Politik zu beschäftigen, weil ich diese politische Sprache nicht verstanden habe und habe dann das Feedback von meinen Followern bekommen: »Wir verstehen das auch nicht, erklär uns das doch bitte Mal ganz leicht.« Dann habe ich mir das zur Aufgabe gemacht und probiert, mich da immer mehr reinzufuchsen.

Leonard Geßner: *Bist du auf Herrn Lindner zugekommen oder er auf dich?*

Louisa Dellert: Das Team ist auf mich zugekommen. Er

war irgendwann mal bei Anne Will und dann habe ich unter sein Bild geschrieben, dass ich ihm nicht zustimme, was er zum Emissionshandel sagt. Und dann ist da so eine kleine Diskussion entstanden und am nächsten Tag hat mich sein Social Media-Team gleich angeschrieben und hat angeboten, mit Christian Lindner im Bundestag darüber zu sprechen. Er war der erste Politiker, mit dem ich überhaupt gesprochen habe. Das war für mich natürlich super überfordernd, weil er rhetorisch ein absolutes Ass ist, es war aber spannend.

Leonard Geßner: *Deine »Hauptthemen« sind der Klimawandel, Umweltschutz und Nachhaltigkeit. Weitet sich das mittlerweile bei dir auch aus?*

Louisa Dellert: Ja, klar. Um das ganzheitlich verstehen zu können, musst du dich mit allem auseinandersetzen. Ich werde wahrscheinlich nie alles verstehen, aber es sind auch ganz viele Sachen, die unseren Alltag betreffen. Seitdem ich für die Politik sensibilisiert bin, halte ich auch meine Augen und Ohren offen und dann bekommst du alles in diesem »Daily Business« mit und beschäftigst dich zwangsläufig damit.

Leonard Geßner: *Nach dem »Rezo-Video« sind auch immer mehr Influencer dazugekommen, die sich politisch äußern. Glaubst du, das nimmt noch mehr zu?*

Louisa Dellert: Ich glaube ja. Ich weiß nicht, ob das für einige nur ein Hype ist. Ich finde es aber wichtig, egal ob das für manche ein Hype ist oder nicht, dass Social Media, vor allem Instagram, immer politischer wird und sich viele Meinungsmacher und Meinungsmacherinnen positionieren werden. Ich glaube vor den Bundestagswahlen wird das nochmal eine große Welle sein, die kommt.

Leonard Geßner: *Du findest auch gut, dass sich immer mehr Leute, egal aus welchen Bereichen, sich da treffen und versuchen ihre Follower aufzuklären?*

Louisa Dellert: Es ist schwierig. Stellst du dich jetzt hin als Person, die gar keine Ahnung hat und probierst die Welt zu erklären oder sagst du: »Hey, ich möchte gemeinsam mit euch probieren herauszufinden, wie funktioniert eigentlich die Bundestagswahl.« Das ist ein Unterschied und diese authentische Art und Weise etwas zu sagen: »Lasst uns einfach mal mit dem Thema auseinandersetzen«, ist viel besser, als wenn sich da jemand hinstellt und sagt: »Ich habe voll die Ahnung und erklär euch alles, weiß das aber vielleicht alles gar nicht richtig«.

Leonard Geßner: *Hat sich etwas an der Debattenkultur und an der Zuschauerschaft geändert, gerade als du von Fitness auf Politik umgestiegen bist?*

Louisa Dellert: Also an den Kommentaren auf jeden Fall. Es wird mehr diskutiert, an mir mehr kritisiert und der Ton ist ein bisschen rauer geworden. Die Follower haben sich nicht unbedingt geändert. Klar sind welche dazu gekommen, aber die, die vorher schon in meinem Fitnessbereich waren, sind geblieben und mit mir gewachsen.

Leonard Geßner: *Wenn man über dich ein bisschen liest, findet man schnell die Story mit der BahnCard 100. Warst du überrascht, wie extrem die Reaktionen teilweise waren?*

Louisa Dellert: Zu der Zeit, als das online ging, war ich super viel im Bundestag, ich hatte einen Kameramann mit, habe die Fahrten von Braunschweig hierher (nach Berlin) und Unterkünfte immer selbst bezahlt. Irgendwann habe ich dann gemerkt, »ich krieg kein Geld damit rein und bezahl das alles aus meiner eigenen Tasche, das geht nicht mehr lange gut so.« Deswegen war eine BahnCard zwangsläufig das, was für mich Sinn macht. Von meinen Followern wurde das total angenommen, die haben gesagt: »Ey Lou, ich unterstütze das gerne, wir können das voll verstehen«, aber von den Medien wurde das natürlich komplett zerrissen. Ich hätte nicht gedacht, dass das solche Wellen schlägt, allerdings war es Ende des Jahres nochmal schön vom »W&V« dann einen Artikel zu bekommen in dem steht: »Lou hätte gar nichts anders machen können, es war richtig, dass sie diese Debatte angekurbelt hat. Darum wird es auch in Zukunft gehen, wie man mit gutem Content Geld verdienen kann.«

Leonard Geßner: *Glaubst du, dass du auch so einen Shitstorm bekommen hättest, wenn du Fitnessbloggerin gewesen wärst?*

Louisa Dellert: Weiß ich nicht, ich glaube da hätte es auch einen Shitstorm gegeben, weil es generell eher darum ging, dass eine Influencerin das jetzt macht. Guck dir Tilo Jung an, mit »Jung&Naiv«, der finanziert sich ausschließlich durch Spenden und da sagt niemand etwas. Ich glaube einfach, weil ich Influencerin bin und dieser Beruf an sich schon sehr negativ behaftet ist, dass man sich da drauf gestürzt hat und gute Schlagzeilen hatte.

Leonard Geßner: *Und glaubst du, dass viele deswegen sich nicht ausschließlich auf Politik einlassen, weil es schwer finanzierbar ist?*

Louisa Dellert: Ja. Ich glaube es würden mehr machen, wenn sie wüssten, dass man damit Geld verdienen kann. Aber es ist inzwischen schon so, dass ich auch das Glück habe, z.B. mit dem Bundesjustizministerium zusammenarbeiten zu können, wo ich ein bisschen was erklärt habe, z.B. was der Rechtsstaat ist und dafür dann auch Geld bekam. Ich würde jetzt nie von einer Partei Geld annehmen, wenn sie anbieten zum Parteitag zu kommen und darüber zu berichten.

Leonard Geßner: *Gibt es denn auch Parteitage, von denen du nicht berichten würdest?*

Louisa Dellert: Ich wäre sogar zur AfD gegangen, einfach weil ich immer noch meine, dass es neutrale Berichterstattung sein muss und man sich da auch die AfD anschauen muss. Die haben mich aber blockiert, von daher habe ich zu denen keinen Zugang mehr, die möchten mich nicht sprechen. Ich probiere schon sehr neutral zu sein.

Leonard Geßner: *Das heißt, du findest, dass man generell erst jeden anhören und darüber berichten muss?*

Louisa Dellert: Ja, auch wenn es die AfD ist. Ich weiß, es ist ein sehr emotionales und schwieriges Thema. Ich glaube aber, im Grundgedanken bedeutet Demokratie leider auch, dass die jetzt im Bundestag sitzen und man muss denen zuhören. Ansonsten beweist man denen, dass man kein Verständnis für Demokratie hat.

Leonard Geßner: *Ist das vielleicht auch ein Problem der Debattenkultur, dass viele erst gar nicht mit denen reden?*

Louisa Dellert: Auch im Bundestag. Ich habe in Interviews schon öfter die Aussage gehört: »Mit denen reden wir einfach nicht, das braucht man nicht!« Ich kann das ja teilweise verstehen, weil da ein sehr rauer Ton herrscht, gerade wenn Sitzungswochen sind, aber es ist meiner Meinung nach nicht der richtige Weg, weil man die Partei so nur noch mehr stärkt, wenn man sich komplett abschottet und sagt: »Mit euch reden wir nicht!« Dann haben sie das was sie wollen - Aufmerksamkeit um sagen zu können: »Guckt euch das an, die wollen nicht mal mit uns reden!«

Leonard Geßner: *Kommen nach der »Rezo-Debatte« eigentlich mehr Parteien auf dich zu?*

Louisa Dellert: Ja, die CSU zum Beispiel wollte, dass ich auf deren Parteitag komme und wollten dann ein cooles Video drehen. Alles chillig und alles cool. Die Grünen haben mich zu ihrem 40. Geburtstag eingeladen. Die einzigen, die nichts richtig machen, sind die Linken. Ich habe mit Sarah Wagenknecht auch gesprochen, aber nur weil ich die Initiative ergriffen habe. Die sind nicht mega interessiert daran, sich zu vernetzen und mit Influencern zu unterhalten.

Leonard Geßner: *Du betreibst ja auch noch einen Onlineshop, in dem du nachhaltige Produkte von der Seife bis hin zum Strohhalm aus Metall anbietest. Wie war die Resonanz, als du mit dem Shop an den Start gegangen bist?*

Louisa Dellert: Super gut. Da kann ich voll dankbar sein, dass ich diese Reichweite habe. Ich musste noch nie marketingtechnisch Geld in Werbung investieren, das lief bisher alles über meine Reichweite. Generell ist das Interesse gerade sehr groß, was das Thema »Nachhaltigkeit« angeht. Von daher war ich da, glaube ich, zur richtigen Zeit am richtigen Ort.

Leonard Geßner: *Kannst du dir vorstellen, dass es in naher Zukunft immer mehr solcher »Nachhaltigkeits-Shops« an Bahnhöfen, in der Innenstadt usw. geben wird?*

Louisa Dellert: Also ich weiß, dass ein Onlineshop natürlich im Widerspruch zum Thema »Nachhaltigkeit« steht, deswegen wäre es schöner, wenn stationär mehr Läden da sind. Ich kann das im Moment nicht leisten, was das Abdecken in Berlin solcher Produkte zum Beispiel angeht. Generell glaube ich aber, dass das zunimmt.

Leonard Geßner: *Obwohl viele Jugendliche online einkaufen.*

Louisa Dellert. Ja schon, aber will ich das unterstützen? Will ich, wenn ich mich nachhaltig aufstelle, unterstützen, dass noch mehr Menschen im Internet einkaufen? Deswegen haben wir gesagt, dass wir zumindest einen stationären Laden haben.

Leonard Geßner: *Besuchst du eigentlich »Fridays for Future«-Demos?*

Louisa Dellert: Ja, immer abwechselnd in Braunschweig und Berlin, je nachdem wo ich gerade bin. Aber insgesamt war ich bestimmt auf sieben oder acht Demos.

Leonard Geßner: *Der Organisation, besonders den jungen Menschen, wird ja oft vorgeworfen, dass man bei sich selbst anfangen solle. Du fängst bei dir selbst an, erwartest du das auch von anderen, die auf die Straße gehen?*

Louisa Dellert: Ich erwarte gar nichts von anderen Menschen, weil ich auch nicht möchte, dass von mir jemand etwas erwartet und ich erhebe nie den Zeigefinger. Ich glaube, das ist schon der erste Schritt auf die Straße zu gehen, damit fängt man bei sich selbst an. Man nimmt die Themen mit nach Hause, beschäftigt sich damit und redet mit den Eltern.

Leonard Geßner: *Könntest du dir vorstellen, irgendwann in eine Partei einzutreten und Politik zu machen?*

Louisa Dellert: Das fragt mich immer jeder (lacht). Ich würde nicht sagen, dass ich es mir nicht vorstellen kann, aber im Moment ist es einfach so, dass ich eine so große Reichweite habe und wenn ich dann sage, ich bin der SPD oder den Grünen beigetreten, dann würde es 1000-Prozentig junge Leute geben, die sich gar nicht mehr damit auseinandersetzen, welche Parteien es überhaupt gibt und was die Unterschiede sind, die sagen dann: »Ah, Lou ist in der SPD, dann gehe ich auch mal in die SPD.« Das will ich vermeiden!

Leonard Geßner: *Siehst du bei Influencern, die politische Inhalte verbreiten, eher die Aufgabe zu informieren und die jungen Leute dazu zu bringen, sich zu informieren oder schon eher auch für Parteien zu werben?*

Louisa Dellert: Das kommt drauf an. Wenn die wirklich einen Plan davon haben und zu 1000% dahinterstehen, das recherchiert haben und das Wissen haben, dann können die das machen. Ich habe es nicht, deswegen mache ich das auch nicht. Beim »Rezo-Video« hat Tilo Jung mit »Jung&Naiv« auch im Hintergrund mitgeholfen, recherchiert und das zusammen aufgebaut. Rezo hatte Leute, die ihm geholfen haben. Hätte er die nicht gehabt, hätte ich gesagt, wäre sein Video nicht angebracht gewesen, weil er gar nicht das Know-How und die Quellen oder Ähnliches gehabt hätte.

Leonard Geßner: *Wie informierst du dich denn selbst über aktuelles politisches Geschehen?*

Louisa Dellert: Fast ausschließlich im Internet. Zudem gucke ich echt gerne Tagesschau, einfach weil ich da das Gefühl habe, da ist es noch am Neutralsten. Ich folge verschiedenen Politikern und Politikerinnen und den Fraktionen auf Social

Media. Die posten auch immer und ich höre gerne Podcasts. Ich höre das Morning Briefing von Gabor Steingart, ich höre bei Tilo rein, ich versuche mir aber möglichst viele Sachen anzuhören und anzuschauen, um mir meine eigene Meinung zu bilden.

Leonard Geßner: *Vielen Dank für das Interview!*

Das Interview wurde am 16. Januar 2020 geführt.

# Felix Finkbeiner

Leonard Geßner: *Vielen Dank, dass du dir die Zeit nimmst, mir ein Interview zu geben. Werdet ihr bei eurem Projekt auch von Regierungen unterstützt?*

Felix Finkbeiner: Gerne. Wir werden aktuell von ein paar Regierungen auch ideell unterstützt. Die meisten Spenden erhalten wir jedoch von privaten Leuten, die unser Projekt unterstützen und von verschiedenen Unternehmen.

Leonard Geßner: *Sind die Bäume, weil sie das CO2 aufnehmen, die schnellste Lösung, um den Klimawandel zu verlangsamen oder sogar zu stoppen?*

Felix Finkbeiner: Ich nenne die Bäume auch gerne »Maschinen«, weil sie die einzigen sind, die das CO2, welches wir ausstoßen, auch wieder aufnehmen können. Sie sind sicher ein Teil der Lösung, aber alleine die Bäume retten die Erde auch nicht.

Leonard Geßner: *Wie schaust du auf »Fridays for Future«?*

Felix Finkbeiner: Ich begrüße die Protestbewegung und freue mich, dass sie das Thema so erfolgreich in der Gesellschaft verankert haben. Und ich finde es gut, dass so viele Schüler und junge Menschen teilnehmen und sich wirklich für das Thema einsetzen.

Leonard Geßner: *Arbeitet ihr mit »Fridays for Future« zusammen?*

Felix Finkbeiner: Eigentlich nicht. Ganz am Anfang hat die Organisation gefragt, ob wir ein Konto verwalten können, und das machen wir bis heute noch treuhänderisch. Das ist aber monatlich nur ein Aufwand von wenigen Stunden und wir schreiben für den Aufwand eine Rechnung über 10 Euro pro Stunde.

Leonard Geßner: *Was sind eure Pläne für die Zukunft?*

Felix Finkbeiner: Unser großes Ziel sind die eine Billion Bäume, darauf arbeiten wir im Moment hin. Wir wollen natürlich viele Menschen von unserer Idee überzeugen und neue Botschafter und Botschafterinnen für Klimagerechtigkeit ausbilden.

Leonard Geßner: *Gibt es aktuell Parteien, die eure Ziele so unterstützen, wie ihr sie aufstellt und für die ihr eine Wahlempfehlung aussprechen würdet?*

Felix Finkbeiner: Es gibt Parteien, die unsere Ziele eher umsetzen, als andere Parteien. Aber eine konkrete Empfehlung geben wir nicht ab.

Leonard Geßner: *Wie bewertest du die aktuellen Maßnahmen der deutschen Bundesregierung, um den Klimawandel zu stoppen?*

Felix Finkbeiner: Es ist noch lange nicht genug. Es gut, dass sich langsam etwas tut, aber es ist noch zu wenig.

Leonard Geßner: *Wie ist es denn, wenn Länder, wie z.B. China, Milliarden Bäume pflanzen und weiterhin die meiste Energie aus Kohlekraftwerken gewinnen. Ist das dann ein Erfolg?*

Felix Finkbeiner: Also nur mit dem Pflanzen von Bäumen retten wir auch nicht die Erde. Natürlich freuen wir uns, wenn diese Länder uns unterstützen, aber gerade China muss etwas ändern.

Leonard Geßner: *Wie bewegst du dich fort?*

Felix Finkbeiner: Wenn ich längere Strecken zu fahren habe eigentlich immer mit der Bahn. Ich versuche eigentlich immer auf das Flugzeug zu verzichten. Hier in Zürich, wo ich studiere, versuche ich ebenfalls auf das Auto zu verzichten und mich möglichst umweltfreundlich fortzubewegen.

Leonard Geßner: *Erwartest du von Menschen, dass sie zum Beispiel einen Tag in der Woche auf Fleisch verzichten und weniger fliegen, oder ist das nur ein Vorschlag von dir?*

Felix Finkbeiner: Das ist erstmal nur ein Vorschlag und da muss jeder selbst wissen, wie und ob er das umsetzt.

Leonard Geßner: *Vielen Dank für das Interview!*

Das Interview wurde am 3. Februar 2020 geführt.

# Schlusswort

Die Generation ist vielfältig, diesen Schluss können wir alle ziehen. So kann man auch nicht die ganze Generation als politisch oder unpolitisch bezeichnen. Das Interesse und Engagement sind sicherlich in den letzten Jahren gewachsen, jedoch auch nur bei einem Teil der Generation Z. Was klar sein sollte: Die Generation Z ist nicht zu unterschätzen. Wenn Sie Anliegen haben, können sie auch Spitzenpolitiker unter Druck setzen, die besten Beispiele dafür sind das »Rezo-Video«, »Fridays for Future« oder der »Artikel 13«. Doch irgendwann kommt auch die Generation Z in (politische) Verantwortung und wird sich verschiedenen Herausforderungen stellen müssen. Die erste Frage wird sein, ob man die Gefahr überhaupt erkennt, ein Beispiel dafür ist der bezahlte Journalismus: Wenn man sich bei Jugendlichen heute umhören würde, bin ich mir nicht sicher, ob die meisten ein Aussterben des bezahlten Journalismus als Gefahr bezeichnen würden. Denn wer von den Jugendlichen gibt wirklich Geld für Nachrichten aus? Warum auch? Aktuell werden die meisten Inhalte sowieso kostenlos angeboten. Doch wie unabhängig ist Journalismus, der auf Gelder von Unternehmen angewiesen ist, weil man sich ausschließlich über Werbung finanziert? Ist die Kontrollfunktion dann immer noch gegeben? Wohl eher nicht. Wie kritisch sehen Jugendliche Social Media als Informationsquelle? Ein weiterer Grund für bezahlten Journalismus, doch auch nur, wenn man die Gefahren von Social Media erkennt.

Wie nehmen Sie aktuell die Diskussionskultur in Deutschland wahr? Ich glaube, es gibt - wie schon beschrieben - Dinge, die sich ändern müssen. Man muss es für möglich halten, dass jemand anders auch recht hat und es nicht die »richtige« Meinung« gibt. Hier kann die Generation Z selbst etwas ändern und dafür sorgen, dass Diskussionen wieder sachlicher werden. Anders als die genannten Herausforderungen, werden Pandemien mit Sicherheit als Gefahr angesehen. Wir müssen uns überlegen, wie wir in Zukunft mit solchen umgehen wollen und was wir aus der »Corona-Krise« lernen können.

Ich hoffe, das Buch regt zum Denken an und trägt etwas zur positiven Veränderung bei. Wir müssen etwas ändern und uns heute schon mit zukünftigen Herausforderungen beschäftigen, denn die aufgeführten Probleme sind nicht die einzigen. Unser Rentensystem ist in der aktuellen Form nicht zukunftsfähig, also müssen wir uns überlegen, wie wir es nachhaltig verändern. Gerade bei Fragen wie dem Rentensystem sollte Parteipolitik außen vorstehen.

Es steht nicht weniger als die Zukunft Deutschlands auf dem Spiel!

# Dank

Zu allererst möchte ich mich bei meiner Mutter bedanken, die dieses Buch als Erstes gelesen hat. Danke Mama, dass du mich immer unterstützt und meinen noch so verrückten Vorschlägen immer offen gegenüberstehst und die entscheidenden Fragen stellst, um diese zu perfektionieren! Danke Jakob, dass du mein ständiges Gerede über politische und gesellschaftliche Ereignisse aushältst und mich motivierst, an meinen Projekten zu arbeiten. Danke Papa, dass du im Hintergrund mitwirkst und mich kritisch hinterfragst. Ich möchte mich zudem bei Linus und Paul bedanken, die mich so nehmen wie ich bin, mit denen ich immer reden kann und die immer für einen Spaß zu haben sind!

Ich möchte mich bei allen Menschen bedanken, die mir für meine Serie oder mein Buch für ein Interview zur Verfügung standen und mir einen großen Vertrauensvorschuss gaben. Ich war überwältigt, welches Interesse seitens der Interviewpartner bestand. Vielen Dank für die interessanten Gespräche!

Ich habe tolle Menschen kennengelernt, nicht nur Politiker und Journalisten. Ich möchte mich auch bei den Menschen bedanken, die diese Interviews im Hintergrund ermöglichen. Auch bei den Menschen, die Potenzial in mir sehen und mich unterstützen, wo sie können, ob mit Kontakten oder Tipps, möchte ich mich bedanken.

Nun werde ich mich intensiver mit meinem Blog und Podcast »PDGZ« beschäftigen (www.pdgz.info). Ich bin dankbar für alles, was ich aktuell erleben darf und was mir ermöglicht wird! Zuletzt möchte ich mich bei Ihnen bedanken, dass Sie dieses Buch gelesen haben!

# Quellenverzeichnis

1 Vgl. Detjen, Stephan : »Sie kennen mich« – das hat gewirkt, in: Deutschlandfunk Kultur, 23.09.2013, [online] https://www.deutschlandfunkkultur.de/sie-kennen-mich-das-hat-gewirkt.996.de.html? [25.01.2020].

2 Vgl. Albert, Mathias / Klaus Hurrelmann / Gudrun Quenzel / Ulrich Schneekloth / Ingo Leven / Sabine Wolfert / Hilde Utzmann: Shell Jugendstudie 2019: Zusammenfassung, in: shell youth study summary, Jg. 2019, 2019, [online] https://www.shell.de/ueber-uns/shell-jugendstudie.html, S. 30.

3 Vgl. Albert, Mathias / Klaus Hurrelmann / Gudrun Quenzel / Ulrich Schneekloth / Ingo Leven / Sabine Wolfert / Hilde Utzmann: Shell Jugendstudie 2019: Zusammenfassung, in: shell youth study summary, Jg. 2019, 2019, [online] https://www.shell.de/ueber-uns/shell-jugendstudie.html, S. 30.

4 Vgl. Albert, Mathias / Klaus Hurrelmann / Gudrun Quenzel / Ulrich Schneekloth / Ingo Leven / Sabine Wolfert / Hilde Utzmann: Shell Jugendstudie 2019: Zusammenfassung, in: shell youth study summary, Jg. 2019, 2019, [online] https://www.shell.de/ueber-uns/shell-jugendstudie.html, S. 30.

5 Vgl. Hauschild, Jana: 25 ist das neue 18, in: DER SPIEGEL, Hamburg, Germany, 27.09.2013, [online] https://www.spiegel.de/gesundheit/psychologie/erwachsen-erst-mit-25-statt-mit-18-laut-psychologen-a-924644.html [02.03.2020].

6 Vgl. Albert, Mathias / Klaus Hurrelmann / Gudrun Quenzel / Ulrich Schneekloth / Ingo Leven / Sabine Wolfert / Hilde Utzmann: Shell Jugendstudie 2019: Zusammenfassung, in: shell youth study summary, Jg. 2019, 2019, [online] https://www.shell.de/ueber-uns/shell-jugendstudie.html, S. 14.

7 Vgl. Grabitz, Ileana: Sebastian Haunss : »Weltumspannend ist der Klimastreik sicher nicht«, in: ZEIT ONLINE, 20.09.2019, [online] https://www.zeit.de/gesellschaft/2019-09/sebastian-haunss-protestforscher-klimastreik-fridays-for-future [25.03.2020].

8 Vgl. Reuter, Benjamin: Die Thüringen-Wahl in Zahlen : AfD gewinnt die Wahl bei allen Altersgruppen unter 60, in: Tagesspiegel, 28.10.2019, [online] https://www.tagesspiegel.de/politik/die-thueringen-wahl-in-zahlen-afd-gewinnt-die-wahl-bei-allen-altersgruppen-unter-60/25160270.html [12.02.2020].

9 Vgl. Altersstruktur Deutschlands nach Altersgruppen 2018: in: Statista, 14.10.2019, [online] https://de.statista.com/statistik/daten/studie/1365/umfrage/bevoelkerung-deutschlands-nach-altersgruppen/ [25.03.2020].

10 Vgl. Albert, Mathias / Klaus Hurrelmann / Gudrun Quenzel / Ulrich Schneekloth / Ingo Leven / Sabine Wolfert / Hilde Utzmann: Shell Jugendstudie

2019: Zusammenfassung, in: shell youth study summary, Jg. 2019, 2019, [online] https://www.shell.de/ueber-uns/shell-jugendstudie.html, S. 14.

11 Dieserdad: Willkommen im Neuland: Ein Reiseführer durch YouTube, Instagram & Co. für Eltern und andere Digital , Hamburg, Deutschland: Kreutzfeldt digital, Position 207-208, 2019

12 Vgl. Schröder, Jens: Die neuesten Zeitungs-Auflagen der IVW: «Bild«, «Welt« und «BamS« im freien Fall, «SZ«, «taz« und «Zeit« weitgehend stabil › Meedia, in: MEEDIA, 18.07.2019, [online] https://meedia.de/2019/07/18/die-neuesten-zeitungs-auflagen-der-ivw-bild-welt-und-bams-im-freien-fall-sz-taz-und-zeit-weitgehend-stabil/ [15.01.2020].

13 Vgl. Christian Lindner : in: Twitter, 10.03.2019, [online] https://twitter.com/c_lindner/status/1104683096107114497 [09.02.2020].

14 Vgl. Merkel äußert sich besorgt über Debattenkultur in Deutschland: in: DIE WELT, 27.09.2018, [online] https://www.welt.de/politik/deutschland/article181690888/Bundeskanzlerin-Merkel-aeussert-sich-besorgt-ueber-Debattenkultur-in-Deutschland.html [02.01.2020].

15 Vgl. Werner, Kathrin: Debattenkultur: Streit tut gut!, in: Süddeutsche.de, 19.05.2019, [online] https://www.sueddeutsche.de/wirtschaft/debatten-kuehnert-thunberg-1.4451063 [09.01.2020].

16 Vgl. Straßner, Alexander: Neubauer, Thunberg und Co.: Ein Vorbote extremistischen Denkens, in: DIE WELT, 11.07.2019, [online] https://www.welt.de/debatte/kommentare/article196692911/Neubauer-Thunberg-und-Co-Ein-Vorbote-extremistischen-Denkens.html [21.01.2020].

17 Vgl. Flüchtlingszahlen: Flüchtlinge weltweit - Global Trends 2018: in: Uno Flüchtlingshilfe, 17.03.2020, [online] https://www.uno-fluechtlingshilfe.de/informieren/fluechtlingszahlen/ [25.03.2020].

18 Vgl. Hurrelmann, Klaus / Erik Albrecht: Generation Greta: Was sie denkt, wie sie fühlt und warum das Klima erst der Anfang ist, Weinheim, Deutschland: Beltz Verlag, 2020, S. 23.

19 Vgl. BILD: Klima-Streik: Die größte Demo war in Berlin; 1,4 Millionen Menschen auf der Straße, in: bild.de, 20.09.2019, [online] https://www.bild.de/news/inland/news-inland/klima-streik-die-groesste-demo-war-in-berlin-1-4-millionen-menschen-auf-der-stra-64837798.bild.html [14.01.2020].

20 Vgl. Kogelboom, Esther: Interview mit Sahra Wagenknecht : »Ich würde Goethe gerne eine Frage stellen«, in: Tagesspiegel, 09.03.2013, [online] https://www.tagesspiegel.de/gesellschaft/interview-mit-sahra-wagenknecht-ich-wuerde-goethe-gerne-eine-frage-stellen/7900236.html [17.02.2020].

21 Vgl. Bundestagswahl 2017: in: Tagesschau, 24.09.2017, [online] https://wahl.tagesschau.de/wahlen/2017-09-24-BT-DE/umfrage-alter.shtml [29.12.2019].

22 Vgl. Zauft, Ute: Endlager Parkraum, die PARTEI machts möglich, in: Prenzlauer Berg Nachrichten, 15.09.2011, [online] https://www.prenzlauerberg-nachrichten.de/2011/09/15/endlager-parkraum-die-partei-machts-moeglich/ [28.12.2020].

23 Vgl. Böll, Sven: Civey-Umfrage: So viel Sozialismus steckt in den Deutschen, in: WirtschaftsWoche, 08.09.2019, [online] https://www.wiwo.de/politik/ deutschland/exklusive-civey-umfrage-wer-sich-in-deutschland-wirklich-mehr-staat-wuenscht/24978850.html [18.02.2020].

24 Vgl. RND: Energiewende vs. Jobs – für sie steht der Arbeitsplatz auf dem Spiel, in: HAZ – Hannoversche Allgemeine, 21.04.2019, [online] https://www.haz.de/ Nachrichten/Politik/Deutschland-Welt/Wenn-Klimaschutz-Arbeitsplaetze-kostet [12.02.2020].

25 Vgl. Albert, Mathias / Klaus Hurrelmann / Gudrun Quenzel / Ulrich Schneekloth / Ingo Leven / Sabine Wolfert / Hilde Utzmann: Shell Jugendstudie 2019: Zusammenfassung, in: shell youth study summary, Jg. 2019, 2019, [online] https://www.shell.de/ueber-uns/shell-jugendstudie.html, S. 14.

26 Vgl. Rezo ja lol ey: Die Zerstörung der CDU., in: YouTube, 18.05.2019, [online] https://www.youtube.com/watch?v=4Y1lZQsyuSQ [21.03.2020]. (min. 2:46)

27 Vgl. Greive, Martin: Studie: Die obere Mittelschicht wurde immer reicher, in: Handelsblatt, 12.03.2020, [online] https://www.handelsblatt. com/politik/deutschland/vermoegen-studie-zeigt-die-reichsten-50-prozent-werden-immer-reicher-arme-bleiben-arm/25637446.html?ticket=ST-366582-gtbaRN2FvnMbjJMyku4S-ap3 [22.03.2020].

28 Vgl. Bundesfinanzministerium: Soziale Ungleichheit und inklusives Wachstum im internationalen Vergleich - Bundesfinanzministerium - BMF-Monatsbericht Mai 2019, in: Bundesministerium der Finanzen, 05.2019, [online] https:// www.bundesfinanzministerium.de/Monatsberichte/2019/05/Inhalte/Kapitel-3-Analysen/3-1-soziale-ungleichheit.html [22.03.2020].

29 Vgl. Pepping, Dagmar: Bildung in Deutschland: »Wir sind jetzt im Mittelfeld«, in: tagesschau.de, 18.10.2019, [online] https://www.tagesschau.de/inland/oecd-bildung-deutschland-103.html [22.03.2020].

30 Vgl. Rezo ja lol ey: Die Zerstörung der CDU., in: YouTube, 18.05.2019, [online] https://www.youtube.com/watch?v=4Y1lZQsyuSQ [21.03.2020]. (min. 5:15)

31 Vgl. Merlot, Julia: Wer ist Klimasünder Nummer eins?, in: DER SPIEGEL, Hamburg, Germany, 13.12.2018, [online] https://www.spiegel.de/wissenschaft/ mensch/klimakonferenz-in-katowice-wer-ist-klimasuender-nummer-eins-a-1241962.html [23.03.2020].

32 Vgl. CDU: Offener Brief an Rezo: Wie wir die Sache sehen, Berlin, Deutschland: CDU Deutschlands, 2019.

33 Vgl. Wetzel, Daniel: Strompreise 2020 steigen im Schnitt um 5,5 Prozent, in: DIE WELT, 14.12.2019, [online] https://www.welt.de/wirtschaft/article203646250/Strompreise-2020-steigen-im-Schnitt-um-5-5-Prozent.html [23.03.2020].

34 Vgl. Rezo ja lol ey: Die Zerstörung der CDU., in: YouTube, 18.05.2019, [online] https://www.youtube.com/watch?v=4Y1lZQsyuSQ [21.03.2020].(15:15 min.)

35 Vgl. Rezo ja lol ey: Die Zerstörung der CDU., in: YouTube, 18.05.2019, [online] https://www.youtube.com/watch?v=4Y1lZQsyuSQ [21.03.2020]. (17:33 min.)

36 Vgl. dpa: Hintergrund: Faktencheck zum Anti-CDU-Video: Hat Rezo recht?, in: ZEIT ONLINE, 23.05.2019, [online] https://www.zeit.de/news/2019-05/23/faktencheck-zum-anti-cdu-video-hat-rezo-recht-190523-99-350349 [23.03.2020].

37 Vgl. Rezo ja lol ey: Die Zerstörung der CDU., in: YouTube, 18.05.2019, [online] https://www.youtube.com/watch?v=4Y1lZQsyuSQ [21.03.2020]. (24:38 min.)

38 Vgl. Rezo ja lol ey: Die Zerstörung der CDU., in: YouTube, 18.05.2019, [online] https://www.youtube.com/watch?v=4Y1lZQsyuSQ [21.03.2020].

39 Vgl. Rezo ja lol ey: Die Zerstörung der CDU., in: YouTube, 18.05.2019, [online] https://www.youtube.com/watch?v=4Y1lZQsyuSQ [21.03.2020]. (52:25 min.)

40 Vgl. Marx, Iris: FAQ: Was regelt Artikel 13 der EU-Urheberrechtsreform?, in: Tagesschau, 25.03.2019, [online] https://www.tagesschau.de/wirtschaft/eu-urheberrechtsreform-107.html [25.03.2020].

41 Vgl. Europapolitiker von E-Mail-Flut überrascht: in: DER SPIEGEL, Hamburg, Germany, 01.03.2019, [online] https://www.spiegel.de/netzwelt/netzpolitik/artikel-13-und-uploadfilter-eu-abgeordnete-bekommen-tausende-e-mails-a-1255754.html [24.03.2020].

42 Vgl. Kleinz, Torsten: »Wir sind die Bots« – über 1000 demonstrieren gegen Artikel 13, in: heise online, 17.02.2019, [online] https://www.heise.de/newsticker/meldung/Wir-sind-die-Bots-ueber-1000-demonstrieren-gegen-Artikel-13-4311105.html [22.03.2020].

43 Vgl. lby, dpa: Mehrere Tausend Teilnehmer bei Klima-Demos in Bayern, in: Süddeutsche.de, 18.01.2019, [online] https://www.sueddeutsche.de/wissen/klima-wuerzburg-mehrere-tausend-teilnehmer-bei-klima-demos-in-bayern-dpa.urn-newsml-dpa-com-20090101-190118-99-622292 [23.03.2020].

44 Vgl. Klimabewegung Fridays for Future in der Krise : Ferien not for Future? in: Tagesspiegel , 30.07.2019, [online] https://www.tagesspiegel.de/politik/

klimabewegung-fridays-for-future-in-der-krise-ferien-not-for-future/24854068.html [23.03.2020].

45 Vgl. Die größte Demo war in Berlin: in: BILD, 20.09.2019, [online] https://www.bild.de/news/inland/news-inland/klima-streik-die-groesste-demo-war-in-berlin-1-4-millionen-menschen-auf-der-stra-64837798.bild.html [22.03.2020].

46 Vgl. Fridays for Future: UNSERE FORDERUNGEN AN DIE POLITIK, in: Fridays for Future, 06.03.2020, [online] https://fridaysforfuture.de/forderungen/ [22.03.2020].

47 Vgl. Lichterbeck, Philipp: Raubbau für E-Autos? : Bolivien versucht die drastischen Umweltfolgen der neuen Mobilität zu lindern, in: Tagesschau, 21.05.2019, [online] https://www.tagesspiegel.de/wirtschaft/raubbau-fuer-e-autos-bolivien-versucht-die-drastischen-umweltfolgen-der-neuen-mobilitaet-zu-lindern/24240056.html [24.03.2020].

48 Vgl. Mau, Katharina: Elektroautos: Dreckige Rohstoffe für saubere Autos, in: ZEIT ONLINE, 11.12.2019, [online] https://www.zeit.de/mobilitaet/2019-11/elektroautos-kobalt-lithium-batterie-akkus-rohstoffe-umweltschutz [07.02.2020].

49 Vgl. ADAC: Test: Stromverbrauch von Elektroautos | ADAC, in: ADAC, 03.01.2020, [online] https://www.adac.de/rund-ums-fahrzeug/tests/elektromobilitaet/stromverbrauch-elektroautos-adac-test/ [22.02.2020].

50 Vgl. Statistisches Bundesamt: Stromerzeugung im 4. Quartal 2019, in: Statistisches Bundesamt, 06.03.20 [online] (https://destatis.de/DE/Presse(Pressemitteilungen/2020/03/PD20_079_43312.html) [12.03.20].

51 Vgl. Hauck, Uli: Bundestag streitet über Kohle, in: Tagesschau, 23.10.2013, [online] https://www.tagesschau.de/inland/bundestag-kohleausstieg-103.html+PD20_079_43312.htmlPD20_079_43312.htmlD20_079_43312.html [23.03.2020].0

52 Vgl. Umweltbundesamt: Umweltschädliche Subventionen, in: Umweltbundesamt, 25.06.2019, [online] https://www.umweltbundesamt.de/themen/wirtschaft-konsum/wirtschaft-umwelt/umweltschaedliche-subventionen#subventionen-nach-bereichen [24.03.2020] und vgl. Enkhardt, Sandra: Deutschland subventioniert fossile Energien mit 46 Milliarden Euro jährlich, in: pv magazine Deutschland, 04.07.2017, [online] https://www.pv-magazine.de/2017/07/04/deutschland-subventioniert-fossile-energien-mit-46-milliarden-euro-jaehrlich/ [23.03.2020].

53 Vgl. Das müssen Sie zur CO2-Abgabe wissen: in: autobild.de, 20.12.2019b, [online] https://www.autobild.de/artikel/co2-abgabe-preis-fuers-klimagas-im-klimapaket-15123801.html [23.03.2020].

54 Vgl. dpa: Klimaaktivistin Luisa Neubauer lehnt Siemens-Posten ab, in: Süddeutsche.de, 13.01.2020, [online] https://www.sueddeutsche.de/wirtschaft/

siemens-kohle-australien-neubauer-klima-1.4753209 [24.03.2020].

55 Dieserdad: Willkommen im Neuland: Ein Reiseführer durch YouTube, Instagram & Co. für Eltern und andere Digital , Hamburg, Deutschland: Kreutzfeldt digital, Position 1980-1997, 2019

56 Vgl. Holler, Danny: @dannytastisch), in: Twitter, 12.2019, [online] https:// twitter.com/dannytastisch?lang=de [30.12.2019].

57 Vgl. Holler, Danny: @dannytastisch), in: Twitter, 12.2019, [online] https:// twitter.com/dannytastisch?lang=de [30.12.2019].

58 Vgl. Sagatz, Kurt: »funk«-Satirebeitrag »Corona rettet die Welt« : RBB verweist auf Freiheit der Kunst, in: Tagesspiegel, 17.03.2020, [online] https://www. tagesspiegel.de/gesellschaft/medien/funk-satirebeitrag-corona-rettet-die-welt-rbb-verweist-auf-freiheit-der-kunst/25647780.html [22.03.2020].

59 Vgl. Bundesamt für Verfassungsschutz: BfV: Konzentration auf die Beobachtung der Verdachtsfälle »Der Flügel« und »Junge Alternative«, in: Bundesamt für Verfassungsschutz, 08.03.2019, [online] https://www. verfassungsschutz.de/de/oeffentlichkeitsarbeit/presse/pm-20190308-konzentration-auf-die-beobachtung-der-verdachtsfaelle-der-fluegel-und-junge-alternative [21.03.2020].

60 Vgl. AfD-Nachwuchs : Junge Alternative löst Landesverband Niedersachsen auf: in: Tagesspiegel, 04.11.2018, [online] https://www.tagesspiegel.de/politik/afd-nachwuchs-junge-alternative-loest-landesverband-niedersachsen-auf/23356436. html [16.02.2020].

61 Vgl. Johannes Strate: in: Instagram, 14.06.2019, [online] https://instagram.com/ johannesstrate/ [03.02.2020].

62 Vgl. Welle, Deutsche: Leistungen für Flüchtlinge im EU-Vergleich, in: DW.COM, 19.06.2018, [online] https://www.dw.com/de/leistungen-f%C3%BCr-fl%C3%BCchtlinge-im-eu-vergleich/a-44287802 [25.03.2020].

63 Vgl. Böhm, Markus: »Bis sie die Welt so sahen, wie wir es wollten«, in: DER SPIEGEL, Hamburg, Germany, 24.07.2019, [online] https://www.spiegel.de/ netzwelt/netzpolitik/the-great-hack-das-taugt-die-netflix-doku-zum-cambridge-analytica-skandal-a-1278161.html [04.01.2020].

64 Vgl. Dachwitz, Ingo: FAQ - Was wir über den Skandal um Facebook und Cambridge Analytica wissen [UPDATE], in: netzpolitik.org, 08.11.2019, [online] https://netzpolitik.org/2018/cambridge-analytica-was-wir-ueber-das-groesste-datenleck-in-der-geschichte-von-facebook-wissen/#spendenleiste [05.01.2020].

65 Vgl. Dachwitz, Ingo: FAQ - Was wir über den Skandal um Facebook und Cambridge Analytica wissen [UPDATE], in: netzpolitik.org, 08.11.2019, [online] https://netzpolitik.org/2018/cambridge-analytica-was-wir-ueber-das-groesste-datenleck-in-der-geschichte-von-facebook-wissen/#spendenleiste [05.01.2020].

66 Vgl. Álvarez, Sonja: Dorothee Bär auf Kuschelkurs : Die Nähe der Digitalstaatsministerin zu Facebook, in: Tagesspiegel, 03.04.2019, [online] https://www.tagesspiegel.de/wirtschaft/dorothee-baer-auf-kuschelkurs-die-naehe-der-digitalstaatsministerin-zu-facebook/24178188.html [04.01.2020].

67 Vgl. Álvarez, Sonja: Dorothee Bär auf Kuschelkurs : Die Nähe der Digitalstaatsministerin zu Facebook, in: Tagesspiegel, 03.04.2019, [online] https://www.tagesspiegel.de/wirtschaft/dorothee-baer-auf-kuschelkurs-die-naehe-der-digitalstaatsministerin-zu-facebook/24178188.html [04.01.2020].

68 Vgl. Böhm, Markus: »Bis sie die Welt so sahen, wie wir es wollten«, in: DER SPIEGEL, Hamburg, Germany, 24.07.2019, [online] https://www.spiegel.de/netzwelt/netzpolitik/the-great-hack-das-taugt-die-netflix-doku-zum-cambridge-analytica-skandal-a-1278161.html [04.01.2020].

69 Vgl. Klein, Melissa: For-hire nurses get big bucks to work in NYC during coronavirus outbreak, in: New York Post, 29.03.2020, [online] https://nypost.com/2020/03/28/mercenary-nurses-get-big-bucks-to-work-in-nyc-during-coronavirus-outbreak/ [01.04.2020].

70 Vgl. WDR: Laschet will Epidemie-Gesetz im Eilverfahren, in WDR 1, 30.03.20 [online] https://www1.wdr.de/nachrichten/landespolitik/nrw-epedemie-gesetz-entwurf-100.html [01.04.2020]

71 Vgl. ZGI - Zusammen gegen Intoleranz: in: Facebook, 30.10.2019, [online] https://www.facebook.com/unsupportedbrowser [15.02.2020].

# Abbildungsverzeichnis

Abbildung 1: infratest dimap: „Endergebnis" [https://wahl.tagesschau.de/wahlen/2017-09-24-BT-DE/umfrage-alter.shtml]

Abbildung 2: infratest dimap: „Endergebnis" [https://www.infratest-dimap.de/umfragen-analysen/bundesweit/wahlreport-deutschland/2017/]

Abbildung 3: Selbst erstellt. Informationen hier: Vgl. Brost, Marc: Erstwähler – der Aufstand der Jungen, in ZEIT CAMPUS, 28.05.19 [online] https://www.zeit.de/2019/23/erstwaehler-europawahl-youtube-protest-die-gruenen [27. 03.2020] und Doreen Borsutzki, DIE ZEIT 23/2019